LARGE PRINT
Bible
Wordsearch

LARGE PRINT

Bible Wordsearch

New Testament Puzzles

NEW INTERNATIONAL VERSION

SIRIUS

SIRIUS

This edition published in 2019 by Sirius Publishing, a division of
Arcturus Publishing Limited,
26/27 Bickels Yard, 151–153 Bermondsey Street,
London SE1 3HA

ISBN: 978-1-78950-728-7
AD007463NT

Printed in China

1   THE BIRTH OF JOHN THE BAPTIST FORETOLD

AARON

ABIJAH

ALTAR

ASSEMBLED

BLAMELESSLY

BURNING

CHILDLESS

CHOSEN

DECREES

DELIGHT

ELIJAH

FEAR

GRIPPED

HEARTS

INCENSE

PARENTS

PRAYER

PRESENCE

PRIESTLY

REJOICE

SIGHT OF GOD

STARTLED

TEMPLE

VERY OLD

```
R E O Y E D S E E R C E D S U
E C I O J E R S C S A K E S D
Y N Y E S L D N H A B E B E O
A E S H N T O D O T I R F L G
R S R C E R G Z S D J P E D F
P E R U A A Z L E D A R Y L O
F R K A H T R S N B H I I I T
F P E N R S N T U V A E A H H
H A J I L E X R S A T S E C G
N T N Y C W N K R R A T A I I
T U E N X I D T H G I L E D S
R I I M N U T K S S F Y T B A
O C A G P D E L B M E S S A V
B L A M E L E S S L Y D V T R
H D L O Y R E V G R I P P E D
```

2 THE GENEALOGY OF JESUS THE MESSIAH

ABIJAH

ABRAHAM

AMMINADAB

AMON

BOAZ

HEZRON

ISAAC

JACOB

JESSE

JESUS

JUDAH

KING DAVID

MARY

MESSIAH

NAHSHON

PEREZ

RUTH

SALMON

SOLOMON

TAMAR

URIAH

UZZIAH

ZADOK

ZERAH

```
C R I T J W R H A R E Z I L E
A T X U M W V N O M L A S O M
R D D M E C K Z A D O K T B A
T A T R S I I S O L O M O N R
H E K Z S H N E J A S A U V A
A K N A I E G E E E Z H G U P
V C A I A Z D B R A S E O E A
E C H E H R A E H J H U R U M
A C S F E O V A A A E E S V M
B U H A O N I F I C Z S E H I
R C O L O Z D R E O O H S A N
A N N R Z M U N A B E S S J A
H S O U U K A U U M B E E I D
A A M M I T H R O K A J J B A
M U S B A R H E Y A B T J A B
```

THE BIRTH OF JESUS FORETOLD

ANGEL

ELIZABETH

FOREVER

GABRIEL

GOD

GREATLY

HOLY SPIRIT

JACOB

KINGDOM

LORD

E	L	I	Z	A	B	E	T	H	W	A	Y	K	E	S
T	V	I	R	G	I	N	A	R	E	O	I	C	T	Y
T	N	H	C	O	A	S	T	N	O	N	R	M	H	O
V	G	A	A	D	V	M	C	C	G	U	W	D	G	S
R	A	T	V	L	A	K	N	D	B	E	B	P	S	T
E	B	E	I	R	W	B	O	P	Z	Q	L	L	N	C
W	R	D	Y	R	E	M	T	H	R	O	N	E	E	H
O	I	A	R	H	I	S	Y	F	B	W	S	E	P	D
P	E	V	A	Y	G	P	E	G	O	J	A	C	O	B
P	L	E	D	G	E	D	S	N	R	R	D	I	G	A
M	A	R	R	I	E	D	D	Y	S	E	E	A	A	C
I	L	E	Z	I	L	E	V	V	L	U	A	V	W	U
M	O	O	V	E	R	S	H	A	D	O	W	T	E	J
O	R	H	T	E	R	A	Z	A	N	F	H	D	L	R
R	D	E	D	H	G	I	H	T	S	O	M	E	F	Y

MARRIED

MARY

MOST HIGH

NAZARETH

OVERSHADOW

PLEDGED

POWER

SENT

SERVANT

THRONE

TROUBLED

VIRGIN

WONDERED

WORDS

ANGEL

AUGUSTUS

CAESAR

CENSUS

COMPANY

DAVID

EARTH

EXPECTING

FIRSTBORN

FLOCKS

GALILEE

GLORY

GREAT JOY

HEAVENLY

HOST

MARRIED

NAZARETH

NEWS

PEACE

QUIRINIUS

ROMAN

SHEPHERDS

SYRIA

WRAPPED

```
Y G E R T G N I T C E P X E Y
L D E M S D A V I D D C S G U
N C A Y O C I H H E G H D R S
E A Q U H O Z T I Y E E S E U
V G N N E W S R O P P U F A I
A C T G J T R A H P S L N T N
E F N P E A C E A N O A Q J I
H N I N M L R R E C M N Y O R
Y A I R T D W C K O A N B Y I
A U G U S T U S R Z A S R C U
A C I M N T Y Y A P Y O A Y Q
C N Y J E I B R M R L E F E U
G A L I L E E O I G S E A R I
E L E Q U T C A R A A R E S T
T R E A H S O T R N I Z E F M
```

ASHER

DESTINED

DEVOUT

FALLING

FASTING

FATHER

HEARTS

LAW

LIGHT

MOSES

MOTHER

PENUEL

PROPHET

PURIFICATION

REDEMPTION

REVELATION

RIGHTEOUS

RISING

RITES

SIMEON

STRONG

TIME

TRIBE

WIDOW

```
S T R O N G U U R L A A F A R
R E V E L A T I O N E E R E F
P O J I D E G D V E A U H U W
G U G F J E T H V A F S N A B
P H R W A U M T E L A S L E T
T O X I O L D P R A Y A G E P
S U U V F S L E T I R R N M L
U O E K M I H I N I B T I U O
O D T V L T C R N I O E S E R
E L E O O X S A O G T N I N E
T A H M G E C A T G D S R W H
H U P T T F A S T I N G E O T
G N O I I N F E A J O N L D A
I E R F C M O B P E C N Z I F
R P P M O S E S I M E O N W Q
```

CAREFULLY

DISTURBED

FRANKINCENSE

GIFTS

GOLD

HIS STAR

ISRAEL

JERUSALEM

JUDEA

MAGI

MARY

MESSIAH

MYRRH

OVERJOYED

PRIESTS

PROPHET

ROUTE

SEARCH

SECRETLY

TEACHERS

TREASURES

WARNED

WORSHIP

WRITTEN

```
H I S S T A R Y A R I S N D U
J I E M U M E L A S U R E J P
A S S D A R D D C E D S T E A
N Y N H E R E R E L V B T D E
E Y E R Y Y R O N G A I U D
T L C R L V O G I I R G R N U
E L N Y T A W J F H A A W S J
H U I M E I Q T R M L P W R U
P F K L R S S E A E A S H E L
O E N E C R H R A N V S E H R
R R A E A T R E T U O R C E
P A R P S E R U S A E R T A U
E C F L R L D I S T U R B E D
L U H C R A E S P R I E S T S
P I H S R O W E H A I S S E M
```

7 THE BOY JESUS AT THE TEMPLE

AFTER

AMAZED

ANSWERS

ANXIOUSLY

ASTONISHED

BEGAN

COURTS

CUSTOM

FESTIVAL

FRIENDS

LOOKING

OBEDIENT

PARENTS

PASSOVER

QUESTIONS

RELATIVES

SEARCHING

STATURE

STAYED

THINKING

TREATED

TWELVE

UNAWARE

UNDERSTANDING

```
R E L A T I V E S A V T D D G
E V L E W T B T R E A T E D U
S R E W S N A U Y Z P Y H G P
F E D I M T S N N A A R S X F
R A H S U I E D R T E Y I C E
I B N R N U D E S V G R N S S
E Y E G D O N R O N D E O E T
N L U P N T I S L E I T T A I
D S N K S I S T Z O N F S R V
S U A W P A K A S E O A A C A
T O W B P S M N I E C K U H L
R I A E D A N D I D U S I M M
U X R G S E E I H H T Q R N U
O N E A E B I N E O T E L G G
C A O N O T A G M U D L T G Q
```

JESUS IS TESTED IN THE WILDERNESS

ANGELS

ATTENDED

BOW DOWN

BREAD

COMMAND

DEVIL

FASTING

FOOT

FORTY DAYS

HANDS

HUNGRY

KINGDOMS

MOUNTAIN

NIGHTS

SATAN

```
N S U C D C R E A S T D G L C
W O T E E O R E T L E S N A F
O S M O D G N I K W P I I S S
D Y R H N D Y N O I G T T M D
W A I Y E E I H R H E R S Z E
O R D R T A S I T M I S A E T
B E E G T R T S P K T E A P
U N C N A V F P E O C E A O M
C N U U J V I J O H A N D S E
O O A H E H P F I T G E T Y T
M D V T S Y R U H E V H A L D
M P A R A O B R L I W O R L D
A N O E P S O S L A C D I E O
N W A I R W N E T T I R W Z M
D E D E N B F O R T Y D A Y S
```

SHOWED   THROW

SPIRIT   WORLD

STONES   WORSHIP

STRIKE   WRITTEN

TEMPTED

ABRAHAM

BAPTIST

CAMEL'S HAIR

CARRY

CLOTHES

FRUIT

HEAVEN

ISAIAH

JORDAN

KINGDOM

LOCUSTS

PHARISEES

POWERFUL

PREPARE

REPENT

RIVER

ROOT

SADDUCEES

SANDALS

TREES

WILD HONEY

WILDERNESS

WORTHY

WRATH

```
N A D R O J E Y F P E K D S S
M E H P R L H N T R S J O Y S
A V T I O T Q N A E U S N U E
A D A A R W E P E T L I O D N
D M R O R P E C A A O G T L R
Y Y W J E R U R D T H O O S E
Z R E R P D K N F M A C R E D
C E R N D K A S A U U F C E L
L H C A O S M A A S L T J S I
O E S D C H B D T S A B H I W
T A O O R R D S Z U O K A R T
H V R I A H S L E M A C I A R
E E D H B A P T I S T V A H E
S N A C E S A F E W E A S P E
C M O D G N I K H R D A I E S
```

ASTONISHED

BOATS

CATCH

CROWDING

FILLED

FISHERMEN

JAMES

JOHN

LAKE

LARGE

```
V A S T O N I S H E D T Y H Y
M B Z B U S P H E D K J O H N
A E O P R E A S E M G A K V E
S S G A A S I N F U L C L W S
T W N K T M E R O H S A A O S
E H I H O S I G U T T T S D R
R N D N W Z F N G N E C E E E
G W W J G D B I T R N H I L N
U A O P A L R N S A U R T L T
L U R R L M L E V H U S A I R
R T C G K R E T T G E G I F A
E U N E R E T S V E Q R H N P
E G R A L Q D I R H P H M T K
D R A H O P D L S O R T Z E W
X E D O G F O D R O W O U E N
```

LISTENING   SHORE   TAUGHT

MASTER   SIMON   WATERS

NETS   SINFUL   WORD OF GOD

PARTNERS   SINK   WORKED

PETER   SPEAKING

ANCESTORS

ASSOCIATE

DISCIPLES

DRINK

FACT

GAINING

GROUND

HUSBAND

JACOB

JESUS

JEWS

JOURNEY

LEARNED

NOON

PLACE

PLOT

SAMARIA

SEEKS

SPRING

SYCHAR

TIME

WATER

WELL

WOMAN

```
O E M N N S R O T S E C N A G
L R O V K G W E A R S N I A M
D O N E C O A E S T R A I E X
N U E R H T J A J E D N A W Z
C S C S E R Z E G I I H N O Z
D H A R A H C Y S N E W A U J
E J L A F O S C G U I W E L L
N O P A G P I K D W S R H P G
R U D M D P H N N E C K P A M
A R S A L U U D R I N K I S W
E N V E S O P T W E R R E A B
L E S B R E O L T C A F T Z O
K Y A G M L U S K M E E A V C
E N K I P W O M A N R L E N A
D E T A I C O S S A U V T S J
```

ANOINTED

BLIND

BROUGHT UP

CAPERNAUM

COUNTRYSIDE

EVERYONE

EYES

FASTENED

FREEDOM

ISAIAH

NEWS

OPPRESSED

PHYSICIAN

POWER

PRAISED

PRISONERS

PROPHET

PHYSICIAN

POWER

RECOVERY

SABBATH

SCROLL

SIDON

SPIRIT

SPREAD

```
M N P N F E B E S C A V E J H
O R Y R A S R L R O H M N Q K
D D E W O I E D I U G H O V D
E E E C G V C A S N L E Y E S
E T R R O S E I L T D V R W P
R N I A I V T R S R Y A E S R
F I V D W I E P B Y P N V A E
A O O Y R V R R U S H B E L A
S N H I L A O I Y I P P L F D
T A P J I U R S R D S O L A I
E S O S G N E O S E R A W M E
N F E H E D N N G C A V I E N
E D T O P P R E S S E D A A R
D U M C A P E R N A U M E U H
P R O P H E T S H T A B B A S
```

13   JESUS HEALS ON THE SABBATH

ACCUSE

ANGER

CLOSELY

COMPLETELY

DEEPLY

DISTRESSED

EVIL

GOOD

HAND

HEAL

```
C Y R G A N E O E C F S Y T S
Y L L N D N C O R S D Y O N D
L E I I C D G A R A G L A O W
O T G K E T H E Y V P I O S A
R E S O Y C C H R E D G L E T
S L U O C L I O N O G U P M C
T P S L E O Z Z R H E A U A H
U M E D E S S E R T S I D N E
B O J S C E H V R I F E N W D
B C X J U L S T R A E H A N D
O K I L L Y H C F P G D T U V
R U G L C A E E L R E A S O N
N L I I S K V Y A C C U S E C
Z F U W R I G L M L A W F U L
E T N E L I S B U E H E B F F
```

HEARTS

HERODIANS

JESUS

KILL

LAWFUL

LIFE

LOOKING

PLOT

REASON

SAVE

SILENT

STAND UP

STUBBORN

WATCHED

14   THE PARABLE OF THE SOWER

BIRDS

CALLOUSED

DECEITFULNESS

FARMER

GIVEN

GOOD

HEARING

HEART

ISAIAH

JOY

```
G N I H A I A S I T O I L D E
E N W M P R O P H E C Y E Y G
L H I D D O E R E E S C D O G
P J T E E O T S A T E F E J N
O I H E E T A E R I A Y S B A
E R E L S S B D T R G A U G R
P E R E T R U F M U S E O I P
E C E O T T U E H T A P L V S
B E D E G L R P A R A B L E S
G I E S N N P R E R T E A N E
E V R E I S I A H H D S C E L
D E S D V N R R O U X O N I L
V S H U S G U R A W X T O S E
R O C K Y B N W V E C S A G U
U N D E R S T A N D H M A C S
```

PARABLES   ROCKY   SPRANG

PATH   ROOT   THORNS

PEOPLE   SEED   UNDERSTAND

PROPHECY   SEEING   WITHERED

RECEIVES   SOIL

TABITHA

TABLE

TALK

TAX

TEACH

TEMPLE

TEMPTED

TESTED

TESTIMONY

TETRARCH

THANKFUL

THESSALONIANS

THEUDAS

THOMAS

THRONE

THUNDER

THYATIRA

TIBERIAS

TITUS

TOGETHER

TONGUE

TORMENT

TRIBE

TYRE

```
T E S D S U T I T K Y N A E T
A E S E T L T E A D N T H C E
I E T T O O T A E C O U C A M
T N H S E T G T L B M E R T P
H O E E O I P E J K I H A H L
Y R S T G M R F T Z T R R E E
A H S L E T E A C H S O T U U
T T A T U E F R T U E E E D G
I O L E A F I E T A T R T A N
R R O S T E K D H E T L G S O
A M N U L H L N T H O M A S T
I E I B E H T U A A T E O T A
I N A D G Y Z H A H T I B A T
R T N F R A O T H A T C E X E
T A S E T I B E R I A S R U T
```

16   **JESUS SENDS OUT THE TWELVE**

AUTHORITY

BREAD

CURE

DISEASES

DRIVE

DUST

ELIJAH

FEET

GOOD NEWS

HEAL

```
V E L U C E S W E N D O O G L
E T V U G S E W F W E S A S T
A S R F M L A E C O J K C I S
T E S T I M O N Y T J Y A I D
N R F J K E A Z M O N E Y H I
S J A Z V S N Y U X R A T Y S
P H N O E X T R A S H I R T E
D O R B E Y N A S A L Z T I A
T D W V J E E A F H A B E R S
U S I E Y V S H E F E F T O E
N R U D R L U M A G H A R H S
D F S D Z E O I E M H E A T E
Y Y E C T W H A T E V E R U E
C V E E D T A D A E R B C A Y
E R E H T E G O T U R A H H A
```

HOUSE   SHAKE   TOGETHER

JOURNEY   SICK   TOWN

MONEY   STAFF   TWELVE

NO EXTRA SHIRT   TESTIMONY   WHATEVER

POWER   TETRARCH

NEW TESTAMENT PLACES

AENON

BETHANY

BETHSAIDA

CALVARY

CANA

CAPERNAUM

DAMASCUS

EGYPT

EMMAUS

GABBATHA

```
C A P E R N A U M A U V A R T
A N T M G B G E S C E N H E B
R C A B P A T O Y A A D O C A
T U A V E Y B A C C E P U Y W
E A S L R N F B H R R N S J J
R T D E V H A N A T C A O E Y
A J F I S A T M R T M C R N N
S E G C A E R E E A H U A T A
E R A E A S T Y R S S A G N H
N I J N R T H I S A H I P A T
N C A O P A A T L U Z T D U E
E H E Y R J S E E O A A E O B
G O G M N D M A P B S M N G N
O E R D A M A S C U S O M U M
G A L I L E E N Y N A I N E A
```

GALILEE   JERUSALEM   SAMARIA

GENNESARET   JORDAN   SIDON

GERASA   JUDEA   SYCHAR

GETHSEMANE   NAIN   TYRE

JERICHO   NAZARETH

18   JESUS FEEDS THE FIVE THOUSAND

AMONG

APOSTLES

BOAT

BROKE

CHANCE

COMING

COUNTRYSIDE

CROWD

DISCIPLES

FISHES

```
S E G A L L I V A D W O T D K
O S U G N I M O C R D S A I B
Y A F I S H E S A R D P O S C
R C H A N C E L E E G L B C O
A S G U C C O H R G Q A N I U
T J N T A A P D N T X C Q P N
I W Y E V E N I Q Y Y E S L T
L K M E H U O B G S K A W E R
O R S S H G H P E N T E G S Y
S S A R G S E L S I O R N G S
B S R E M O T E S E E M D B I
G R O U P S Y F V E G S A R D
B R E L O I I X N R I A T O E
V K E P A E C R O R D E W K G
F P A N D C D W O R C E Y E K
```

GOING   LOAVES   SHEPHERD

GRASS   PEOPLE   SOLITARY

GREEN   PLACE   VILLAGES

GROUPS   REMOTE   WAGES

HUNDREDS   SATISFIED

JESUS WALKS ON THE WATER

ACROSS

BOAT

BREAD

CAME

CAPERNAUM

CROWD

DARK

DISCIPLES

EVENING

FRIGHTENED

```
R E M T D G N I K L A W L E G
R I J A D W H K O Q A A A M M
D S V O N B O O H J K N E T O
B I E B I U F R G E R V D W Y
M T S F W L G D C C A D A E P
C I D C R E A C H E D T U N D
A K M O I P N R T I E E H H C
M O U E Q P S O T R B R E A D
E G Z A D S L W S G N O R T S
H I R R O S D E F H R H P O U
D B O R L O A D S F P S E R R
F L C W D E N E T H G I R F E
U A R C A P E R N A U M V Y N
S E V E N I N G H E A D I N G
U O Y E S P A T D E Y A T S R
```

HEADING   REACHED   STRONG

IT IS I   ROUGH   WALKING

LAKE   ROWED   WATERS

LANDED   SHORE   WIND

LORD   STAYED

JESUS, THE BREAD OF LIFE

ANSWERED

ARGUE

BLOOD

DECLARED

DRINK

ENDURES

ETERNAL

EVERYONE

FLESH

GOD THE FATHER

GRUMBLING

HUNGRY

LOAVES

MANNA

MOSES

PROPHETS

RABBI

REMAINS

SHARPLY

SIGNS

SPOILS

STOP

TAUGHT

WORLD

```
I K R E H T A F E H T D O G Y
B E E N A N N A M A E R C E R
B I E D E W N B U H S I M M E
A R B U O S D G F P V N O A M
R A X R W C H A O L E K S R A
G C L E F T V I E H E O E G I
I D R S C H L V E P U S S U N
D E A S E S E H D Y F N H E S
D E C L A R E D L O T G G U S
R L D P Y T S P O Y E I C R E
A E O O E O R E A T G S F H Y
E T N R O A N D V E C E H U J
S E N E H L S T E H P O R P I
A A D S L H B M S A P R E U N
L V E R E D G N I L B M U R G
```

21 JESUS HEALS A DEAF AND MUTE MAN

AMAZEMENT

ASIDE

CROWD

DEAF

DECAPOLIS

EARS

FINGERS

GALILEE

HAND

HARDLY

HEAVEN

JESUS

LEFT

LOOSENED

OVERWHELMED

PEOPLE

PLACE

PLAINLY

SIDON

TALK

THROUGH

TONGUE

TYRE

VICINITY

```
K L A T E L S R E G N I F N L
M E D E M L E H W R E V O R E
E O R O T E N A Z J E D H A O
T L Y L E F T I W R I H E V V
A R L N H D G N Y S C A A M A
P Q N R M A E T E S U A V N S
E D I H L J R C F M R Z E E D
O E A I A E N G A A E A N J R
P N L E E S D A X P E Z E I H
L E P C I U I G E J O D A G R
E S F A R S C D Z U U L U M D
N O S L V O Y H E L G O I H A
L O P P E A W N E D R N T S E
Y L D R A H Q D S H D E O A S
Y X V I C I N I T Y N O I T E
```

THE TRANSFIGURATION

ALONE

BEFORE

CLOTHES

CLOUD

COVERED

ELIJAH

FRIGHTENED

JAMES

JESUS

JOHN

MOSES

MOUNTAIN

ORDERS

PETER

RABBI

```
U S M O S E S E H T O L C A G
S F H J E O D F W E I O L S N
C Z O B I U C K T B V Q L H I
E H B J O O L I B E F O R E A
N I E L R F H A R H F J P L T
T L C D S W R E L I J A H T N
W G E U S N D I K E T M H E U
D R S K S Z L N G N R E D R O
S E I H U U P A K H E S T S M
J D C T O E E M S H T S N E A
S U K I T Q N F B U L E I G O
L O M E O E D O E I F E N R D
A N R J K V N N L R C F E E E
K E G A R E P O N A A H E I D
W S Y A D X I S E E R H T R L
```

RISEN

SHELTERS

SIX DAYS

SON OF MAN

SUFFER

THREE

VOICE

WHITE

WRITTEN

JESUS PREDICTS HIS DEATH

ANGELS

CHIEF

CROSS

DAILY

DEATH

ELDERS

FOLLOW

GAIN

GLORY

HOLY

JESUS

LIFE

MANY

RAISED

REJECTED

SAVE

STRICTLY

SUFFER

TASTE

THINGS

TRULY

WARNED

WHOLE WORLD

WORDS

```
G R E C M S Y H N A C N O Y E
A O G N C L R S E R S D N V D
R K K A I R G E T C L A A T T
I K S A I R Y U D R M S A R H
L Y D U S N S Y O L I S K U I
E G U W F O J W O N E C L L N
E K S F V F E T S A T A T Y G
S R W E J L E V F P Y G E L S
E E V I O W A R N E D R D O Y
N J B H F I G S F O L L O W A
A E W C E E D U Y U C H K L R
V C B P H E Y S F S D R O W G
E T A R A I S E D S I T O L O
N E S T R A Z J J L I F E S Y
N D H T E U L S L E G N A E S
```

ACCOUNT

ACCUSED

ASHAMED

CANNOT

DEBTORS

DETESTABLE

ETERNAL

FRIENDS

GAIN

GALLONS

GOD

LIGHT

MANAGER

MONEY

OLIVE OIL

PHARISEES

POSSESSIONS

QUICKLY

SERVE

SHREWDLY

TRUE RICHES

WASTING

WEALTH

WORLDLY

```
D E V A S E T M A N A G E R T
E F R I E N D S T H I C A S H
R H N C U T B T O N N A C A G
A I P O S W E M O N E Y G M I
M N C W E N E R I T E O A A L
P C T D A P O A N E D H G L B
A H F R E S O I L A S A A I S
D M A H U M T B S T L C L O E
E W T R V E A I S S H C L E R
B Y O V I T R H N M E U O V V
T C A R S S Y I S G E S N I E
O C S E L I E H C A S E S L N
R L T Y L D W E R H S D D O Y
S E R E N A L K S V E E I L P
D Q U I C K L Y E N G S E S E
```

THE RICH MAN AND LAZARUS

ABRAHAM

AGONY

ANGELS

BEGGAR

BETWEEN

BROTHERS

CHASM

COMFORTED

CROSS

DRESSED

GREAT

HADES

LAZARUS

LINEN

LUXURY

E	S	S	O	R	C	A	F	E	P	E	A	S	A	B
W	P	N	A	M	H	C	I	R	U	R	G	M	M	E
L	A	B	R	O	T	H	E	S	R	G	O	L	F	G
T	S	T	E	H	P	O	R	P	P	A	N	J	M	G
O	D	R	E	S	S	E	D	C	L	L	Y	O	C	A
R	W	E	N	R	L	E	F	H	E	I	S	O	T	R
M	E	H	O	U	V	L	G	A	K	E	M	S	I	E
E	O	R	X	I	A	E	S	S	S	F	U	M	A	A
N	O	U	E	Z	A	R	E	M	O	K	E	A	R	S
T	R	C	A	B	E	A	G	R	E	A	T	H	L	E
Y	E	R	T	H	M	E	T	A	S	N	W	A	I	N
R	U	P	T	E	K	E	E	M	A	E	Y	R	N	D
S	M	O	S	E	D	H	M	G	B	H	D	B	E	E
O	R	S	U	R	A	N	G	E	L	S	Y	A	N	N
B	N	E	E	W	T	E	B	A	R	T	H	E	H	G

MOSES

PROPHETS

PURPLE

RECEIVED

REMEMBER

RICH MAN

TONGUE

TORMENT

WATER

THE PARABLE OF THE LOST SHEEP

AFTER

COUNTRY

EATS WITH THEM

FOUND

FRIENDS

GATHERING

HEAVEN

HOME

HUNDRED

JOYFULLY

LAW

LOSES

MUTTERED

OPEN

REJOICE

REPENTS

RIGHTEOUS

SHEEP

SINNERS

SUPPOSE

TAX

TELL

TOGETHER

WELCOMES

```
H D E R E T T U M D E R N E T
E I H E X S C H K J N W Z O E
A A E A R E E E I L A U G W V
Y R T N U O C A M L Q E O L F
R E T P E S B V R S T C J F R
S E E O E U N E S H M I O H I
K A P F S I N N E R S O Y U E
U E S E I E F R M O I J F N N
N T H M N N S P O N G E U D D
U S E V K T E O C L N R L R S
O O E U H P S S L E D F L E R
S U P P O S E E E J D A Y D E
V M E H T H T I W S T A E A T
S U O E T H G I R Y L E L R F
E M O H A G N I R E H T A G A
```

27 THE PARABLE OF THE UNMERCIFUL SERVANT

ANGER

BAGS

BEGGED

BROTHER

DEBT

DEMANDED

FORGIVE

HEART

HEAVENLY

JAILERS

KNEES

MASTER

MERCY

PATIENT

PETER

PITY

PRISON

REFUSED

SETTLE

SISTER

TORTURED

TREAT

WICKED

WIFE

```
D E L T D P I R I E S R T D K
U E B D E G G E B B R N G E S
S A R T I A S M R E E N N M R
K N E E S J I E E I E Y T A E
W R Y P E R A T T S L T B N L
I E R R E G N A S T A I E D I
C B F E F T P Z I G L P D E A
K R J E H R D E S U F E R D J
E O T R A E H S A S G A B G F
D T P F G A A D E R U T R O T
J H R R S T D V E Y U K R A W
A E U R I G A N E R C G H E L
N R R E T S A M N N I R F I L
E F I W F C O L D V L G E Y A
M A S T R E S N E I R Y E M E
```

JESUS HEALS TEN MEN WITH LEPROSY

ASKED

CALLED

DISTANCE

FAITH

FOREIGNER

GALILEE

GOD

GOING

HAVE PITY

HEALED

```
E T V O I C E G Y Y L I D E I
N E T O B E N N U T F S N O B
I O D N L I J I C Y E T L U G
N E F I S K A O E R Y S Y C Y
L B L I S R H G A R N E O S T
R A A S I T A D E R W I U Z I
G R K E I L A D U O D R R E P
P E R A L H R N H O E P S R E
N G F I J O R S C N L S E L V
E D V D B E T E G E A M L J A
M T E E A O A I S M E K V E H
N F H L O S E Y A E H R E S B
E T S D L R K R S T S S S U T
T L A T O A I E U E D I G S J
L E G F R A C G D K A T R P Y
```

JESUS

LOUD

NINE

PRAISING

PRIESTS

RISE

SAMARIA

SHOW

STOOD

TEN MEN

THE BORDER

VILLAGE

VOICE

YOURSELVES

ATTACKED

BANDAGED

BEAT

CLOTHES

DONKEY

EXPERT

HALF DEAD

HEART

JERICHO

JERUSALEM

JESUS

LEVITE

LOVE

PASSES

PITY

PRIEST

ROBBERS

SAMARITAN

SOUL

STRENGTH

STRIPPED

TEACHER

WINE

WOUNDS

```
L U O S D A E D F L A H J S J
C T E A C H E R E I I E Y T E
U S E M R N S A N S R A N R R
A S T R I P P E D I D R M E U
V F D W U D E K C A T T A N S
N P T E E S Y H F W L O M G A
A A S O G N O D Y O T O F T L
T S E C N A O S T U R C V H E
I S I T L N D K I N E F O E M
R E R A K O L N P D P E S Y B
A S P E R K T E A S X R Z E I
M B Y S B D I H V B E T A V I
A P I E F B O Q E I F T X B V
S E R U T B O L H S T F T E A
Y I J E S U S R Y A S E R E D
```

ABANDONS

CLIMBS

DEMON

ENTERS

FLOCK

FOLLOW

GATE

HIRED HAND

I TELL YOU

LISTEN

PHARISEES

RAVING

ROBBER

SAVED

SCATTERS

SPEECH

STRANGER

THIEF

THROUGH ME

TRULY

UNDERSTAND

VOICE

WHOEVER

WOLF

```
W P H A R I S E E S O B S I N
O S R N E U N G M A S T B A R
L R E H I R E D H A N D M E N
L E B T M E D D G V H E I R A
O T B E R E A S U O N M L B H
F N O W V U F E O I K O C A R
N E R A L L I R C D N B D E
S T S O R K I Y H E R A H I V
E C U N D E R S T A N D T Z E
E R A V I N G B T D W E R C O
T T N T E N U I O E L O I E H
E X A F T A R N P L N I L S W
R M S G D E S S Y T H I E F I
A F L O C K R O X S P E E C H
F E L L S I U S T R A N G E R
```

JESUS' TEACHING ON PRAYER

AUDACITY

BOTHER

BREAD

CHILDREN

DAILY

DOOR

EVIL

FRIEND

GIFTS

HALLOWED

HEAVEN

INSIDE

INSTEAD

JOURNEY

KNOCK

```
D N E I R F S E V I E C E R A
K E D R B S T R T S U U Y K Z
C A S J R M H H M B G B T N J
E R E N E R N A G U O H P O N
R N E V A E H O M I R T M C Y
N E S A D E U G I E N P H K E
D R F O A D S Y E P L D D E N
W E V F E W A C T D R E I O R
N Q W A O Y Y E H I I O S M U
E E S O P P U S T I C S C S O
A V I L L D L E D S L A N S J
D E K C O L K K A T N D D I N
L I K O Y A A H I F E I R U J
F E R D N E M H L I P A G E A
C I M S L I V E Y G C A M V N
```

LOCKED

MIDNIGHT

OFFER

RECEIVES

SCORPION

SHAMELESS

SNAKE

SUPPOSE

THREE

ABUNDANCE

ARBITER

BARNS

BE MERRY

BIGGER

CONSIST

CROPS

CROWD

DIVIDE

DRINK

```
E G E N O E M O S E S P O R C
H C T A W G C J B S O C N M S
D T N R M D N N F C T E S Q U
L R H A D U D Y A U T O N G R
C H I E T J E I I D E P R R P
O W C N M I C Y V E N E A E L
N A H I K S R L A I L U B E U
S T E L R G E E T S D D B D S
I C C A U G C L H S E E E A R
S E W A R R O C V N E B M D E
T T R E O B L V C E I V E Y S
T D J W D C I S E G S R R U O
E A D V T A A T G G V T R A L
N R V S E S A E E U R L Y N H
L O O F E O R D E R A P E R P
```

FOOL

GREED

GUARD

HARVEST

INHERITANCE

JUDGE

PREPARED

RICH

SOMEONE

STORE

SURPLUS

THEMSELVES

WATCH

YIELDED

MAGDALENE

MALICE

MANNA

MARK

MARTHA

MARY

MASTER

MATTHEW

MEEK

MELCHIZEDEK

```
E R M E E K S E M U N A M I M
H E P E M A P W A M E O P E M
T T K I C S T U E T E M O A C
K S Y L R I E M A H B U R M N
E A E T I E S L N M T T I A M
D M M M H M T U C I H T J H E
E K G A A G C S M A Y R A G R
Z M R M L M I Y I L R I H M C
I O E A A I T M E N S I M M I
H F B R M H C N M S I O M E F
C M Y W S C E E E A R M P M U
L A M O N E Y M A N N O U B L
E M A R H M E I I A A N E E M
M R E H T O M N E M Y F A R E
E N E L A D G A M G E M A S M
```

MEMBERS   MINISTER   MORNING

MERCIFUL   MIRACLES   MOTHER

MESSIAH   MITYLENE   MUSIC

MIGHTY   MONEY   MYTHS

MILK   MOON

THE PARABLE OF THE LOST SON

ARMS

COMPASSION

ESTATE

FAMINE

FEED PIGS

FIELDS

HIRED

KISSED

LIVING

PLEADED

RING

ROBE

SANDALS

SENSES

SERVANTS

SEVERE

SHARE

SLAVING

SQUANDERED

TWO SONS

WEALTH

WILD

WORTHY

YOUNGER

```
S Y D F E M I N E N I M A F E
E R O E S T A T E P R E R E S
S L K U S B S L A D N A S G N
F Q S E N S E S N E T A I C N
E F U S Y G I V E D E P D O O
Y R I A I N E K H A D J V E I
F H E E N S K R V E O A S D S
Q F T V L D J S E L M E S H S
G H I R E D E F A P G T Z T A
S N E R O S S R D R N E I L P
E F I Y M W M R E A F Y U A M
D S T V A S I E V D R E U E O
S L A V I N G R P O B V V W C
E B I A G L E S N O S O W T E
C A L W W S H N R E R A H S J
```

AROUND

BELIEVE

BENEFIT

CAVE

CLOTH

ENTRANCE

FACE

FATHER

FEET

GLORY OF GOD

HANDS

HEARD

JESUS

LAZARUS

LINEN

LORD

MARTHA

MOVED

PEOPLE

SISTER

STANDING

STONE

TOMB

TOOK AWAY

```
B E L A O H Z G Y A H T R A M
E V A C E Y O H R A U L H U R
B E D A Y E C R E H T A F E D
T M D E A F N S A B L V T N N
P E O P L E A O L H M S G T U
Y H G V H F O C T B I O T R O
A T F S E H B F E S Y E T A R
W O O U A D M N U V E I G N A
A L Y S R U E R A F E N X C H
K C R E D F A S A N I I L E E
O T O J I Z D T E D D A L H H
O E L T A N R L N R L I N E N
T W G L A G I A O R O S P A B
U E N H P X T L S A S A L E J
F N I N K S U G I F T E G D Z
```

36 THE PARABLE OF THE PERSISTENT WIDOW

AGAINST

ALWAYS

BOTHERING

CARED

CHOSEN

CRY

EARTH

EVENTUALLY

FAITH

FEARED

GRANT

JUDGE

JUSTICE

NEITHER

NOT GIVE UP

PARABLE

PEOPLE

PLEA

PRAY

REFUSED

SON OF MAN

THOUGHT

TOWN

WIDOW

```
Y N E F A F I R E S P L E A J
A F Y L L A U T N E V E H V U
R J G W S E T E W F M T X J S
P E U O A J O T S N I A G A T
P D L D S E T S G A Y L O Z I
E S E I G T N O F N E S O H C
O L N W R E H N P A R A B L E
P U E V I G T O N Q D Y D S B
L U A T R H R F E A R E D S E
E W H V G Z A M A V S N R Y L
J E T U E U E A T U V A O A F
R D O A N G A N F N O H R W C
F H E W B N A E Y G A U Y L R
T B O T H E R I N G N R J A E
M T A Y M E R U O Y C A G E M
```

NEW TESTAMENT MEN

AGABUS

ANNAS

BARNABAS

FELIX

FESTUS

GAMALIEL

HEROD

JAMES

JESUS

JOHN

JOSEPH

LAZARUS

LUKE

MARK

MATTHEW

PAUL

PETER

PHILIP

PILATE

SILAS

SIMON

STEPHEN

ZACCHAEUS

ZECHARIAH

```
B A R A S E K H N O R A B A W
O K P E T E R P N S J A M E S
E Z G X U J A R A E R L H X F
O E I I S E M B F Y H T G T E
Y C Y L A H A A L J T P J Q S
Z H A E K N E O P A O Y E A T
O A B F R L Z I M E Z S H T U
Z R C A A E L N M T B A E M S
B I B C B I D U A A E S R P B
E A S L H L O T M L I U S H H
C H Y P A A R L U I A B S J S
N U G A N M E S U P D A I E G
A H Y U N A H U S K A G M S E
O J O L A G L Y S T E A O U R
A R V J S I L A S U H U N S A
```

38   THE PHARISEE AND THE TAX COLLECTOR

BEAT

BEFORE GOD

BREAST

COLLECTOR

DISTANCE

DOWN

EVILDOERS

EXALT

FAST

HUMBLED

JUSTIFIED

LOOKED

MERCY

PRAY

RATHER

ROBBERS

SINNER

STOOD

TAX

TEMPLE

TENTH

THEMSELVES

TWICE

WEEK

```
C D D E I F I T S U J U H R Y
Y A E C Y C E H A P L U O S D
S N R K D S E E U J M T U O H
X A T L O R E M M B C W G P E
S A Y J O O O S L E E E X D L
E A C A T E L E L L R X O T P
V C S M S A D L N O K W A C M
I B N F M K O V F F N E G L E
L R L A A C C E H Y B M T U T
D E M R T S B S P E M E R C Y
O A V A A S T E N T H F R O A
E S E T P T I E C I W T G P K
R T N U H K H D C A M B R E M
S I N N E R H E A P R A E N P
C R O B B E R S R S Y W N T E
```

THE RICH AND THE KINGDOM OF GOD

ADULTERY

BEFORE

CAMEL

COMMANDMENTS

DEFRAUD

DISCIPLES

ETERNAL

EVERYTHING

EYE

FELL

GOOD

GOSPEL

GREAT

HEAVEN

KNEES

LIFE

MURDER

NEEDLE

PETER

SELL

STEAL

TEACHER

TESTIMONY

WEALTH

```
E D Y G R A A T S T A E R G A
G O C P E R Y R E T L U D A N
R O G O E L D E E N A E I S E
L G S N M H Y S N S V C S Q V
D A N P I M T N K E S A C U A
R K A H E H A L O T K M I B E
D E E T V L T N A M F E P E H
U C D C S O O Y D E I L L F A
A R L R M R G Q R M W T E O G
R J E E U C E R K E E Y S R U
F Z Y T V M E H S I V N M E Q
E E N T F T O T C L B E T X T
D F N D E P E X G A K Z L S J
N L I P L A N R E T E S E L L
D O M L L K H P X O V T O O G
```

40   BLIND BARTIMAEUS RECEIVES HIS SIGHT

BARTIMAEUS

BLIND MAN

CHEER UP

CITY

CLOAK

CROWD

DISCIPLES

FAITH

HE HEARD

JESUS

JUMPED

LARGE

MERCY

NAZARETH

ON YOUR FEET

```
B A H M E N I B B A R E S D T
E F N E H T N E P N H E I E C
Y A O R G E D T A S A S T P T
O I N C C I E Z E C C U T P H
T T N Y S I A N H I L S I O E
E H A D U R A E P D O E N T Y
E K A Q E D E L E B A J G S C
F O E T W R E P L U K D G K A
R R H O U S M I E D E C N Z M
U T R P X U N E V K U L I U E
O C A E J D H T U B A N W T F
Y M P O M O P B U R A X O E Y
N E G A N W E A G O T V R B F
O H N W D R A E H E H A H A L
U T B A R T I M A E U S T R I
```

QUIET   SITTING

RABBI   STOPPED

REBUKED   THEY CAME

ROADSIDE   THROWING

SHOUT

THE PARABLE OF THE TENANTS

ARREST

BUILDERS

CHIEF

CORNERSTONE

ELDERS

FARMERS

HEIR

INHERITANCE

MOVED

PARABLE

PLANTED

PRIESTS

REJECTED

RENTED

SEIZED

```
D N E P V S H A M E F U L L Y
E E Y E V I X S E I Z A L R N
C S T B D D N R M E F M W E I
N A A N E L D E R S Z N A N N
A C T T A R E D Y L T P T O A
T C N R I L I L W A A A C T F
I E T D E W P I K R R N H S A
R S O S A J N U A S E D T R R
E A R L E E E B P K W W O E M
H M L E P R L C O R K R W N E
N E S R H E R P T C I R E R R
I F E I H C S A U E A E R O S
S S E O A X A R H I D E S C E
S E I Z E D T E N A N T S T O
M O V E D S R V T E N E A S S
```

SHAMEFULLY

SPOKEN

STRUCK

TEACHERS

TENANTS

VINEYARD

WALL

WATCHTOWER

WINEPRESS

42 THE PARABLE OF THE GREAT BANQUET

ALLEYS

ANGRY

BLESSED

BLIND

BRING

COMPEL

FEAST

FIVE

GREAT

HEARD

INVITED

KINGDOM

LAME

LANES

MARRIED

OXEN

POOR

QUICKLY

READY

ROADS

STREETS

TABLE

TASTE

YOKE

```
G D R A E H K T W J P U B Y E
D I R B S V A X I O Q C R F L
G W O E P S K F O R D N I L B
R L A U T I J R E Y R G N A A
E V D E N E F E N A S T G A T
A F S G M R Q E L E P M O C L
T A D A P S H U A A E D G E E
Y O L S E E S R I S U C R T B
M L K N W Y S E H C T J O U L
A E A M E K R T Y O K F U R E
R L F L J R V E R S X L I H S
R I L S E E N O E K E Y V S
I A A A K G A P E V E L N C E
E Q D O E S T R E E T T U D D
D Y Y I N V I T E D M Y S E R
```

43　THE PARABLE OF THE TEN VIRGINS

BANQUET

BRIDEGROOM

DOOR

DROWSY

ENOUGH

FIVE

FOOLISH

HEAVEN

HOUR

INSTEAD

JARS

KINGDOM

LAMPS

LATER

MIDNIGHT

OIL

OPEN

SHUT

TIME

TRIMMED

VIRGINS

WATCH

WEDDING

WISE

```
S O T H E R L O W S A R E A L
N I U Y B R I D E G R O O M A
I N E O A N O R T U N B X D M
G A U S E Z G H T D G X O K P
R E T V O N K R B R Q O H V S
I B A T I L I A T O R T K K W
V E E D J M N H T W A S E I W
H B D A M Q G G L S A G S Y G
Y E R E U I D E T Y I E S M T
W S D E N I O A N N H V S A U
A Y T D R A M Y S E N O U G H
T E I E E G A T M V P R H E S
C M S M R T E H S I L O O F H
H A I S K A S E H F L C U U A
L T D S D E R E T A L A R O Y
```

THE PARABLE OF THE BAGS OF GOLD

ABILITY

BAGS

BANKERS

DARKNESS

DEPOSIT

ENTRUSTED

GATHERING

GNASHING

GOLD

GROUND

```
S A B I L I T Y E A Z Y E A S
A C N S E N A Y L D E K C I W
W L A Y N P T S T N A V R E S
W E A T J W L H O U F E R H S
C O D B T J O M E O T A R E E
E E R I D E T S U R T N E F N
A D E T S X R U A G W H R G I
A E E D H T N E S N G T B A P
J P L Y Y L U S D I N L A T P
J O S R T Y E O W P I A N H A
G S U E A N Z S G E H E K E H
S I I R K E D A S E S W E R H
E T N R N R V D L W A A R I E
E M A S T E R S A T N J S N L
D D G A R B Y V E M G B A G S
```

HAPPINESS   OUTSIDE   WEALTH

JOURNEY   SCATTERED   WEEPING

LAZY   SEED   WICKED

MASTER   SERVANTS   WORTHLESS

MONEY   SOWN

45 THE SHEEP AND THE GOATS

ANGELS

BLESSED

CLOTHES

CREATION

CURSED

DEPART

DEVIL

DRINK

ETERNAL

FATHER

GATHERED

GLORY

GOATS

HUNGRY

KING

```
F A V S U O E T H G I R Z K N
U E D P R I S O N N D R I N K
L Y R O L G A R A I E N K W U
B C E S G R E S A N G A S E B
L N V O Y E B T Y A N G E L S
E T A R A P E S R C U R S E D
S T H I R S T Y G A E W N G L
S T N E M H S I N U P A D A A
E B Y G C E E F U A T E R T N
D A F T L E U N H I V E D H R
B M U A O P E G O I C G E E E
C R E A T I O N L R Y I G R T
U E R L H H S S F O H J S E E
B F A S E R E G N A R T S D K
S E L V S J E R R E F E R A S
```

NATIONS

PRISON

PUNISHMENT

RIGHTEOUS

SEPARATE

SHEEP

STRANGER

THIRSTY

THRONE

BEAR

CALF

CAMEL

CATTLE

DONKEY

EAGLE

FOX

FROGS

GNAT

GOATS

HORSE

LAMB

LEOPARD

LION

LOCUSTS

OXEN

RED DRAGON

SCARLET BEAST

SCORPION

SERPENT

SHEEP

SPARROWS

VIPERS

WOLF

```
A T S E A T E P H U L F T E R
N S G E A R Z L I O P H L W M
H A U N E X O T T C S T A O G
B E G D A E H P A T D X S O W
S B S R T C N M S F A F H I U
T T C A A V E U L R R C E A A
S E O P S L I A D O E R E E S
U L R O N T C S G P U P A M M
C R P E T K W S W L S L I O N
O A I L E O O H K E E S A V Y
L C O E R E D D R A G O N J E
U S N R B R A P Y N A L M X K
T S A K G E E A I M A F O E N
I P E C S N A L P M P F O O O
S O S K T O W R B H O R S E D
```

ACCEPTS

AGAINST

ANSWERED

BEFORE

BELIEVE

BETRAY

BREAD

CHOSEN

DISCIPLE

JESUS

JUDAS

LORD

LOSS

LOVED

MONEY

NIGHT

POOR

RECLINING

SATAN

SCRIPTURE

SHARED

TESTIFIED

TRULY

TURNED

```
S D B A Y E L P I C S I D E F
A A R E T S B U S H L S A Y T
K G S O F E N E S O H C O H U
E S A A L O S D Y X G S G L A
S L C I T M R T H E A I Y B R
Y D U R N A G E I D N I E R A
A E A D I S N N U F L O V E D
R R C E R P T J I S I Y M A C
T E C N O G T E S N H E R D T
E W E R E B V U S T I A D U S
B S P A I E S T R A H L R V G
O N T T I E R G R E T N C E B
S A S L J U F O L S E H L E D
A U E S L Z O R S D A N F A R
U B C Y E P R I S A D E R O P
```

JESUS PROMISES HIS HOLY SPIRIT

ACCEPT

ADVOCATE

AFRAID

ANOTHER

BELIEVE

BELONG

COMING

COMMANDS

FATHER

GREATER

```
A B S I E R A S G E S A T G E
F E L T I R I P S Y L O H C H
R T H E S I V E S E R W O F E
A A T H I P A A O B H M W X A
I C U A S B D C S O M A O B R
D O R A Y U G E E A C I R L T
A V T S J R E V N A S D L O S
I D F N E N E D C C G E D V U
L A O A E R S C A N O T H E R
F A T H E R E S I G I M V S B
S E I P M P E H P N S E I D E
R X R R T H C V T O I I T N C
E H I O U A M E A L K F E N G
A S P P E K N A E E M E B A H
E A S T P D H B E B L U N I E
```

HEARTS

HOLY SPIRIT

INTEND

JUDAS

LEAVE

LOVES

OBEY

ORPHANS

PEACE

SPIRIT OF TRUTH

SPOKEN

TEACHING

WHOEVER

WORLD

JESUS ARRESTED

BETRAYER

CLUBS

COURTS

CROWD

DESERTED

DISCIPLES

ELDERS

FULFILLED

GREETINGS

HIGH PRIEST

JUDAS

KISS

LEADING

LEGIONS

RABBI

```
S G N I T I R W Z S F G B H N
C S T E B E L B C U J E I D H
T W R B A R R R L A T G G E U
E C A E N U I F W R H G R T G
M R A E D P I C A P N G E R N
P O N N T L O Y R I B C E E I
L W T U L U E I D L A H T S H
E D R E R R E A Y E C L I E C
W E D T Y S E R V A N T N D A
S H S V T L E G I O N S G I E
F C S D L O T E F Y S S S E T
E A U A R D I S C I P L E S G
N E E U D O M E K O A R L S A
E R T A V U W S B U L C A M U
T W E L V E J S P E A K I N G
```

REACHED   TEACHING

SCRIPTURES   TEMPLE

SERVANT   TWELVE

SPEAKING   WRITINGS

SWORDS

THE CRUCIFIXION OF JESUS

ALEXANDER

COUNTRY

CROSS

CRUCIFIED

CYRENE

DESTROY

DIVIDING

FORCED

HEADS

HURLED

```
W G N I D I V I D J M A T V Z
A K R E D N A X E L A Y Y H U
Y E K P N N O M I S A H R U S
P E L W S E D C F R I W T R P
N F H U T E S R I D A H N L H
L L S G S K E O C E R A U E F
A E M T U H F S U C S I O D O
J R R L G G E S R R H S C S E
K O L E S N T A C O A S V L N
Y N M U O L S I D F K E J E E
E P F O U Z S D I S I M A B R
D U J S C R E D E S N E V E Y
R K N B A K E N I W G E B R C
C I C E E A E L P M E T J E S
C E L E G Y F D H M A R E N G
```

INSULTS   MOCKED   SIMON

ISRAEL   MYRRH   SKULL

JESUS   REBELS   TEMPLE

LAW   RUFUS   WINE

MESSIAH   SHAKING

THE DEATH OF JESUS

BREATHED

CALLING

CENTURION

CRIED

CURTAIN

DISTANCE

ELIJAH

ELOI

FORSAKEN

GALILEE

GOD

JERUSALEM

JESUS

LEMA

NOON

SPONGE

STOOD

SURELY

TEMPLE

THREE

TORN

WATCHING

WHY

WINE VINEGAR

```
S E C U E D D D I S T A N C E
G A S R L B C H F R U M N E L
N O O N I R J U O A E R L B E
I U E S J E S E R M O O L E V
H M A P A A D T S T I M A S A
C B T O H T B E A U A Z E M D
T B P N P H E D K M S I E V O
A H W G U E O K E I K L N L H
W H S E U D C E N T U R I O N
Y G A L I L E E T E I D M T Y
C A L L I N G H D V O S E C L
M E G S Y A R F H O P M E S E
I U O A M E O G T O P P L E R
H E D J E R U S A L E M O F U
P R A G E N I V E N I W E N S
```

JESUS HAS RISEN

AFRAID

ANGEL

BROTHERS

CLOTHES

DAWN

DISCIPLES

EARTHQUAKE

GALILEE

GREETINGS

GUARDS

```
G A R I L B J K S E H T O L C
S A I L M E K A U Q H T R A E
G F E O S N P E O U E R O U N
N R T U L O A S B I A R T E E
I A S O A T I S P C V N S J L
T I R O H S R E C K E G T S A
E D H A B C O L A L N Q D B D
E B T N C E G P O Y F R A R G
R U A G E S T I L E A D N O A
G I B E U E V C R U O W U T M
R Z B L R K L S G O A O B H U
N I A H U R R I E D L Y A E T
A E S N A A W D L J R L H R J
S A J E K G S F O A S E E S E
J E S B N U E Y M E G O P D Z
```

HEAVEN

HURRIED

JESUS

JOY

LORD

MAGDALENE

MARY

QUICKLY

RISEN

ROLLED

SABBATH

STONE

TOMB

VIOLENT

JESUS APPEARS TO THE DISCIPLES

AMAZEMENT

AMONGST

BONES

DEAD

DOUBTS

FISH

FLESH

GHOST

JESUS

JOY

MESSIAH

MINDS

PEACE

PROPHETS

PSALMS

SCRIPTURES

SINS

STARTLED

STOOD

SUFFER

TALKING

TOUCH

TROUBLED

WHILE

```
E T D A S E R U T P I R C S A
L N O D J G L N R B S D N I M
A S O N H E E H C A T H G R S
O N T O I M S B S V U O E E S
H J S N E A C U H I O F N S T
Y T E Z E E T O S M F O A I E
S O A K T X O C Z U B A V C H
T M J L S A U A S E G D A V P
A S A D K S C D E A D E F M O
R R E M T I H O W Y P L V E R
T Y V B O B N H X J E B A S P
L E U S A N I G Q S R U S S S
E O A U O L G M H D Y O G I I
D Y J U E R O S P R I R E A N
M P S A L M S E T A H T H H S
```

AFTERNOON

AMAZEMENT

BEAUTIFUL

BIRTH

CARRIED

CHRIST

COURTS

EXPECTING

GATE

GOLD

HAND

JOHN

JUMPED

LAME

LOOKED

MONEY

PRAYER

SILVER

STRONG

TAKING

TEMPLE

THREE

WALK

WONDER

```
B S E N A L D E P M U J E O S
E T D E K O O L V B D E H N A
A R G N I T C E P X E B T G T
U O A A E W O N D E R J R F E
T N B T A U P B C G I N I A R
I G A T N E M E Z A M A B R E
F G A R F I E J F E A S U E R
U C N N X R S T Z R N F O E S
L H D I H O E Q E H E C Y L E
U R G T K R W V O O A A E Q M
N I L O N A L J C R R P N N A
E S V O L I T U R P L Q O Y L
H T O K S D U I R E L P M E T
D N A H Y I E A L O A S T A G
K E H A A D S S T R U O C R I
```

55   PETER AND JOHN BEFORE THE SANHEDRIN

ASTONISHED

BELIEVED

CAIAPHAS

CAPTAIN

DEAD

DISTURBED

ELDERS

GOD

GUARD

HEALED

JUDGES

KINDNESS

PRIESTS

PROCLAIMING

PUNISH

RAISED

RULERS

SADDUCEES

SALVATION

SANHEDRIN

SPREADING

TEMPLE

UNSCHOOLED

WITHDRAW

```
E M D Y C R I L G W F C D D P
D E L O O H C S N U H E J R G
N I A T P A C A W E S T O N J
D C E S S A H P A I A C I W U
T E D J X H R L A I L D L S D
N S B E H T E R N A A D S A G
I R N R V D E O I E G E E S E
R E Y Y U E I M R I N H E H S
D L D K J T I P P D V S C S T
E U Y O A N S L N L D I U I E
H R R V G G W I E Y E N D N L
N Y L U A M K D D B I O D U D
A A A P R I E S T S K T A P E
S R O M S A U P H T B S S A R
D E A S D W I T H D R A W R S
```

ANANIAS

APOSTLES

CHURCH

DIED

EVENTS

FEAR

FEET

FILLED

FINDING

HEARD

HEART

HIMSELF

HUMAN

KNOWLEDGE

LISTEN

MONEY

PROPERTY

SAPPHIRA

SATAN

SEIZED

SOLD

TEST

WIFE

YOUNG

```
L A T L A G O R N A D E J L N
E P N E D K N D H S C E Y F A
S R E O E S E I Z E D O H I S
B O T M G F M A D F U M D L T
S P S N U S E V E N T S R L A
U E I N E Z A G G D I G A E R
O R L L U L E C D I S F E D I
B T F T N U M E S E E T H A H
U Y R F S I Y T K H L T L N P
C N E N N O Y M S H C W U V P
K A D I E D P E N E E R O I A
R T E S A I N A N A T A U N S
Y A N F L E B H V O M P R H K
B S Z W I S E N E A M U W T C
K E L N I W E D L O S Y H B K
```

SIMON THE SORCERER

AMAZED

APOSTLES

ARRIVED

ATTENTION

BELIEVERS

BOASTED

CAPTIVE

CITY

FOLLOWED

GREAT

HANDS

JERUSALEM

KINGDOM

MONEY

OFFERED

PETER

PHILIP

PRAYED

REPENT

SAMARIA

SIMON

SORCERY

TESTIFIED

VILLAGES

```
S E L T S O P A R I T E Y N G
K O Y E S N O I T N E T T A A
O Y R D U N C M Y V S K I C B
T N E P E R E V I T P A C C E
R U C R P I D S A M A R I A M
T R R A X E F S U K K M S F O
A Y O Y R E D I E P A S O U D
E P S E A E A D T G I S V O G
R A F D V J E R U S A L E M N
G F Y I K T E S T B E L I J I
O C R Z S T I A S U G T L H K
L R Q A E M O N E Y W A T I P
A E O P O P E B G H A N D S V
H B S N B E L I E V E R S N I
D E W O L L O F A M A Z E D A
```

ACCUSE

ACHAIA

ACTS

ADVOCATE

AENON

AFRAID

AGABUS

ALEXANDRIA

AMAZED

AMEN

```
S A C H A I A E M E N L E S A
L M A I W S K S S Y A Y S A A
E A O V Y A S U U A E A F P L
G A S E W H C O A B N R V O I
N G N A N C I S S G A V G S U
A S T C A I B P E I F G M T Q
A I T G H A G R D U K C A L A
A S P P M O A D V O C A T E X
E G N E V A R P A R N A L S U
A T N E D Y M S F A R I S R A
M D A L A R T E A A N D R E W
O A F S I A I R D N A X E L A
N S T A W S A I N A N A A K O
G A P O L L O S W U X A O O H
D E Z A M A Q P B A E N O N A
```

AMONG   ANGER   ASLEEP

ANANIAS   ANNAS   ASSOS

ANCHOR   APOLLOS   AVENGE

ANDREW   APOSTLES   AWAKE

ANGELS   AQUILA

SAUL'S CONVERSION

ANANIAS

BLIND

BROTHER

DAMASCUS

EYES

FLASHED

FOUND

GENTILES

HEARD

HEAVEN

JUDAS

LETTERS

LIGHT

LORD

PERSECUTE

```
D I S C O G X N Y E Y B E S P
A N E S N A E F B S K C E E R
T O U H C V D R A E H L Q T F
S R N O A Y D I S A I D S U Q
T A H E F N N R I T E J E C S
R T H D U A E E N H S A Y E R
O H O O N N W E S E P R E S E
P D S A O I G A U O E A A R T
E T R S S W L G Z H Q D T E T
R A I O E F O B T V U L T P E
O R T P L G K O I J T H G I L
P S U C A V R S U F F E R L E
T U B N C B I T H R E A T S I
A S Y A S O R D A M A S C U S
K S B O N L A M I N I T A L E
```

PRISONERS

REPORTS

SCALES

SOUND

SUFFER

SYNAGOGUES

TARSUS

THREATS

VISION

AENEAS AND DORCAS

ALIVE

CHRIST

COUNTRY

DIED

DISCIPLE

GET UP

GREEK

HEALS

HELPING

IMMEDIATELY

```
K I S E N A T E R E T E P A A
U P S T A I R S S H A R O N Y
A W G R E E K P D V H I P E A
E S E E N K V I S I T E R E R
A Z T U S T G R E R I U A S Y
A P U E R N K L Y M B J Y L T
E P P P I G P V A M A H E A S
W U P P E I E N E R T T D E Y
L I L O C D Q D N I A Z I S Y
C E D S J A L E V I L A I R D
H H I O M L Y D D A A Y T G E
B D J F W R R E R E N N A T I
E G R C O S M A Y S U I E R D
O M H O S M E M D O O T S T H
S A P G I Z A B C C H R I S T
```

JOPPA	PRAYED	UPSTAIRS
KNEES	SHARON	URGED
LYDDA	STOOD	VISIT
PETER	TABITHA	WIDOWS
POOR	TANNER	

PAUL AND SILAS IN PRISON

ANNOYED

BEATEN

BROTHERS

COMMAND

CROWD

EARTHQUAKE

FEMALE

FLOGGED

JAILER

LYDIA

MIDNIGHT

OWNERS

PLACE

PRAYER

RODS

```
S A B A S R X L Y D I A M B K
E S A D A C O M M A N D I R S
R S O C U R S M A O E K D O Y
V R N E R I D S A W I Z N T E
N I A N N O Y E D N S R I H A
F I O G P A S S A E S X G E R
J A I L U R P L S R A T H R T
M N A G E I E E Y S E H T S H
G C X T R N V E L A M E F R Q
E B S I H E T U Q D W O R C U
S I T S R T R E M B L I N G A
S M N E L M E R E L I A J A K
Z D L P R A Y E R D A R E S E
O Y O R E S V S T O C K S A I
B E A T E N H E D E G G O L F
```

ROMANS

SEVERELY

SINGING

SISTERS

SLAVE

SPIRIT

STOCKS

TREMBLING

VIOLENT

62 PAUL'S FAREWELL TO THE EPHESIAN ELDERS

ABOARD

ASIA

ASSOS

BLOOD

CHIOS

DECLARED

DISTORT

EMBRACED

EPHESUS

FLOCK

```
S A J R M J D R E Y P K E P A
T H A E G E S E J E T C M F B
E E A M W O T E R I S O B H O
N S R A M S R A R A F L R C A
E I H A S U A I V N L F A V R
L T S I S Z P A E K T C C B D
Y A G A P S G A K I S S E D I
T T L H A E L K S A Z A D D E
I E C S D Y A L E S M E S K I
M D I S T O R T V A O O U B S
F A A B S U T E L I M S S K S
H U M I L I T Y O H U P E Z O
D A S E I O R O W S V E H T I
D E S H S I O R A S R A P G H
B D E L I A S D N G C E E M C
```

GREEKS

HESITATED

HUMILITY

JERUSALEM

JEWS

KISSED

MILETUS

MITYLENE

SAILED

SAMOS

SAVAGE

SHIP

SPIRIT

WOLVES

ROMANS

BLAME

BOASTFUL

CLAY

CONTRARY

DEPRAVITY

EAGER

ENVY

EVIL

FOOLISH

GIFT

GREED

HEART

IMMORTAL

INSOLENT

INSTRUCTOR

MURDER

OBSTINATE

OFFSPRING

RECONCILED

RIGHTEOUS

SEEK

SINNING

VIPERS

WORKS

```
Y L U F T S A O B R E R U N N
T U G N I R P S F F O E I D S
I Y V N E Q E C A T A D M A I
V Y M P H A Y C E N M R M E N
A E A E H S E V O R A U O I N
R M T L F H I V T N U M R N I
P S G A C L G L I C C E T S N
E U R K N J O B O P L I A O G
D O E E R I L N T O E R L L T
E E E A F A T W T A F R Z E U
S T D G M R G S O H T F S N D
Z H K E A V M I B R A T A T I
D G F R L P A R F O K E R A M
H I Y H E A R T E T C S F P A
I R U R O T C U R T S N I S P
```

AMEN

APOSTLESHIP

CEPHAS

CRUCIFIED

ELOQUENCE

ENRICHED

GLORY

GREEDY

HOLY

IDOLATERS

```
B E Y D E E R G W I C K E D E
R O S E F C E P H A S B T C A
A S Y O M R S S V C E E N Z I
P M P M I R R O R R P E A D E
O Y E I U R D N E M U V O E C
S D R N R Z E W U Q L L A G D
T E L E D I Z R O M A Y A D E
L H A W T R T L L T R L T E I
E C W W T S E U E E O D O L F
S I G L O R Y R A A M O N W I
H R Y L O H S M R L M G A O C
I N N I G R I V E I I N L N U
P E W I T H R E H E Y U D K R
W E R E M E M B R A N C E R C
M O D S I W S E Y T S E D O M
```

IMMORAL	MYSTERY	UNGODLY
KNOWLEDGE	REIGN	VIRGIN
MIRROR	REMEMBRANCE	WICKED
MODESTY	SPIRITUAL	WISDOM
MUZZLE	TRUMPET	

GALATIANS

ABRAHAM

ASTRAY

BARNABAS

CONTRARY

CUSTODY

DECLARE

DOUGH

ELEMENTAL

ESTEEM

FORCES

```
H A F C I N H E R I T A N C E
Y N A H U F O R C E S E C E S
S U E S B S T I L S L O L E M
I R A G T S T E S T E E M O L
R S I M A R O O X A M S U E A
C R U E D H A C D E U N P W S
O M Y O H E O Y N Y T S A A C
P B U O L N C T I S O B R S R
Y G T A T A A L I G G A E E I
H O N R B L E N A S G R F R P
J E A V P R A Z V R L N B O T
C R V M S I A D U J E A J F U
Y O R R E A F H V E R B V E R
P R E A C H E D A G X A J E E
E E S A F U R Y Y M I S O G S
```

FORESAW   JUDAISM   SERVANT

GOSPEL   MOUNT SINAI   SLAVES

HEIR   PERSUASION   YEAST

HYPOCRISY   PREACHED   ZEALOUS

INHERITANCE   SCRIPTURE

1 THESSALONIANS

ACHAIA

BLAMELESS

BROTHERS

CHILDREN

CLOUDS

EARNESTLY

ENCOURAGE

FAITH

FOREVER

HOLY SPIRIT

IMMORALITY

INSTRUCTIONS

LOVE

PAUL

PEACE

PERSECUTED

PHILIPPI

PRAY

SAFETY

SILAS

SISTERS

SUFFERED

TEMPTED

TIMOTHY

```
H F R U S S E L E M A L B E Y
E N C O U R A G E O L O V E A
I D Y S R E E A R N E S T L Y
N E J T A T B V D L S A W S S
S T B B I F I U E I U N H A U
T P R A Y L E R S R S A C L F
R M O V E P A T I X O H P I F
U E T S O I E R Y P A F C S E
C T H D Y R H S O I S U H Y R
T O E U S E A U A M A Y I H E
I G R O V F E W F T M G L T D
O E S L O Y A C A U R I D O G
N D E C A O P I A A Y E R M H
S P E R S E C U T E D Y E I H
P H I L I P P I H H P R N T E
```

1 TIMOTHY

ALEXANDER

ANGELS

BLESSED

COMMAND

DOCTRINES

ENTRUSTED

EPHESUS

EXCELLENT

GENEALOGIES

HABIT

HERALD

IDLERS

INTERCESSION

LIARS

MYTHS

```
A A O L K R A E P H E S U S A
I N T E R C E S S I O N E S H
B U Y E L T E P R K O I E A T
S L D I S H N R R E G A C H Y
L S E A S Q P E W O L N W O S
E L T S J P N U L P A D I V E
G A S G S H D A R L I C I E N
N N U H S E E N U P E H H R I
A D R A Y N D R A I O C S S R
S E T O E I A T A M M S X E T
L R N G T M I S E L M Y E E C
I L E A F B Y N E A D O T R O
A L E X A N D E R G G N C H D
R E S H V I O L E N T E R A S
S P I R I T E M P E R A T E E
```

OVERSEER

PURPOSE

REPROACH

SATAN

SHIPWRECK

SLANDER

SPIRIT

TEMPERATE

VIOLENT

TITUS

APOSTLE

APPOINT

ARTEMAS

CRETE

DIRECTED

DOCTRINE

ELDERS

FAITHFUL

FOOLISH

GRACE

```
R D E T O A A P O S T L E E A
E R L K P E Y M J L D G Z P D
B J B E U Z E V F X R J P F E
U N A R A R T E M A S O H E T
K C T L E T A K C V I S S F C
E V I N U Y D E S N R I A E
O L F E R A W W T E E H L I R
C E O A E W H A T D S P O T I
S N R S A C H N L N A H O H D
U I P L E A I E I A W O F F U
T R N O N W O T Y C H I C U S
I T U F Z E N A S O V K L L P
T C U X U N B O L O E F U D Y
E O Y G D L H Y P E C R E T E
N D E H S I N I F N U H A R L
```

HOLY

LAWYER

LAZY

PEACE

REBUKE

SINFUL

TITUS

TOWN

TYCHICUS

UNFINISHED

UNPROFITABLE

WILD

WINTER

ZENAS

PHILEMON

ANSWER

APPEAL

APPHIA

CHURCH

CONFIDENT

DEMAS

EFFECTIVE

ENCOURAGE-
MENT

EPAPHRAS

FELLOW

FOREVER

GRACE

HEART

HOME

```
S E N E G T P E R N S L S T E
U S A R P N A T R E U A J E Y
M E I E P E S L C K R A M R E
I D A I R M K R E W S N A E E
S C P D I E P A P H R A S M D
E A P L S G F F U M F T O I X
N D E O O A O F H B N H I S O
O E A S N R P A E E G Y F B W
H H L J E U P P D C Y R E U O
F S A V R O C I H H T D A C R
T E E A T C F H T I I I J C K
G R L R B N R O U E A R V G E
D F A L O E M O N R E B K E R
R E R C O I S C U R C N N E S
H R B A T W E V A L V H E A M
```

LUKE

MARK

OBEDIENCE

ONESIMUS

PEACE

PRISONER

REFRESHED

SOLDIER

TIMOTHY

WORKER

HEBREWS

AARON

ANCESTORS

CROWNED

CURSED

DAVID

DEATH

DESCENDANTS

DISGRACE

HYSSOP

JOSHUA

LEVI

MANNA

MELCHIZEDEK

MILK

MOSES

OATH

OBSOLETE

PROPHETS

RADIANCE

ROBE

SAMSON

THRONE

WICKEDNESS

WOOL

```
I E F K I E C N A I D A R S P
N Y L V H A D S A E O X E L O
Y I E O U E A O A T H S P U S
M L O H N E M T T U O O C K S
A N S W Z C H B N M K B P E Y
C O O S T N A D N E C S E D H
J R N R D K N N T H R O N E O
C A P S A E C O A E X L D Z S
E R O K V A E S I C M E A I T
G O H K I M S M S A S T L H E
G B E W D M T A H R V E I C H
S E O C A E O S U G J J R L P
M O E N H A R C U S F E A E O
L V N L E A S U P I A T I M R
L A A C W I C K E D N E S S P
```

2 PETER

ANCESTORS

APOSTLE

BLIND

CHAINS

DESIRES

DIVINE

ELECTION

EXPLOIT

GODLINESS

HERESIES

INEFFECTIVE

MAJESTIC

MORNING

NATURE

PATIENT

PERSEVERANCE

PRECIOUS

PROPHETIC

RISES

SINNED

STAR

STORIES

STUMBLE

SWIFT

```
H H E V I T C E F F E N I G H
N A E C N A R E V E S R E P A
Y A S R O T S E C N A R A C S
E S T V E E R S T E H A H L E
S I T U U S W E A L C A C A S
K E A D R I I A I C I I C P I
P X R A F E V E N N T N E O R
R P A T I E N T S E N L T S S
E L E C T I O N H S B A K T E
C O V O V H R P D M I I U L R
I I B I T A O N U K A N P E I
O T D H T R I T E S D E N W S
U R F S P L S T O R I E S E E
S S A S B M A J E S T I C H D
M O R N I N G O D L I N E S S
```

3 JOHN

BELIEVERS

DEMETRIUS

DIOTREPHES

ELDER

FRIEND

GAIUS

GOOD

GREAT

GREETINGS

HEALTH

HOSPITALITY

IMITATE

JOY

MALICIOUS

NONSENSE

OUGHT

SOUL

TALK

TESTIFIED

THEREFORE

TRUTH

WALKING

WELL

WRITE

```
O T U D E G E A H W A N D L H
U A G A I U S T I U E O E G T
G E P C F A L E A M O L F Y U
H R Y B J A E B U G L K L O R
T G T H E R E F O R E U L J T
E F I H N L E T V I P S O A E
S S L F M G I G I O D N W S T
T U A E R A C E S R P R A G A
I I T S B I L R V A W U L N T
F R I I A N E I T E M G K I I
I T P R R D B N C W R C I T M
E E S W L E A Z D I S S N E I
D M O E E S N E S N O N G E Y
Y E H I L C A U D C A U V R L
F D S E H P E R T O I D S G E
```

JUDE

ABUNDANCE

ANGELS

BROTHER

CAIN

COMPELLED

CONTEND

DEVIL

DREAMS

DWELLING

EAGER

```
U F D E R I S A R P E G Y P T
O T R E G N I T S A L R E V E
G I E N T E O T P A S R M A E
F O A K S U R E E S V D G E K
E I M A C E L L T E S E I A E
E L S O N O P L R C P V B R R
T R I G R E M S O Y A P E U A
G E T V G R I P V P N I W N Y
N H X M E O A T E B G L N D L
I T W E N D Y H Z L E S N A T
L O R R C S J E S U L S E N E
L R I C G O J A M E S E V C R
E B T Y A D C O N T E N D E C
W A E R I O S Y E L T O N E E
D S P I M M O R A L I T Y U S
```

EGYPT   JAMES   SLIPPED

EVERLASTING   MERCY   SODOM

FIRE   PERVERSION   STRENGTH

GOMORRAH   POLLUTE   WRITE

IMMORALITY   SECRETLY

Solutions

1

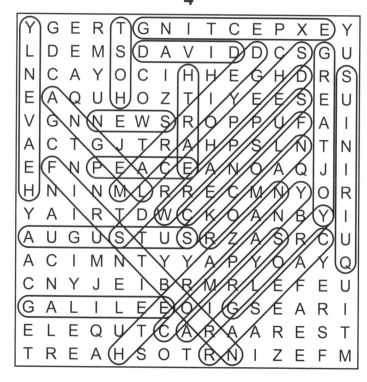

```
R E O Y E D S E E R C E D S U
E C I O J E R S C S A K E S D
Y N Y E S L D N H A B E B E O
A R E S H N T O D O T I R F L G
R S R C E R G Z S D J P E D O
P E P U A A Z L E D A R Y L O T
F R K A H T R S N B H I I T H
F P E N R S N T U V A E A H H
H A J I L E X R S A T S E C G
N T N Y C W N K R R A T A I I
T U E N X I D T H G I L E D S
R I I M N U T K S S F Y T B A
O C A G P D E L B M E S S A V
B L A M E L E S S L Y D V T R
H D L O Y R E V G R I P P E D
```

2

```
C R I T J W R H A R E Z I L E
A T X U M W V N O M L A S O M
R D D M E C K Z A D O K T B A
T A T R S I I S O L O M O N R
H E K Z S H N E J A S A U V A
A K N A I E G E E E Z H G U P
V C A I A Z D B R A S E O E A
E C H E H R A E H J H U R U M
A C S F E O V A A A E E S M M
B U H A O N I F I C Z S E H A
R C O L O Z D R E O O H S A N
A N N R Z M U N A B E S A J A
H S O U U K A U U M B E E I D
A A M M I T H R O K A J B A A
M U S B A R H E Y A B T J A B
```

3

```
E L I Z A B E T H W A Y K E S
T V I R G I N A R E O I C T Y
T N H C O A S T N O N R M H O
V G A A D V M C C G U W D G S
R A T V L A K N D B E B P S T
E B E I R W B O P Z Q L L N C
W R D Y R E M T H R O N E E H
O I A R H I S Y F B W S E P D
P E V A Y G P E G O J A C O B
P L E D G E D S N R R D I G A
M A R R I E D D Y S E E A A C
I L E Z I L E V V L U A V W U
M O O V E R S H A D O W T E J
O R H T E R A Z A N F H D L R
R D E D H G I H T S O M E F Y
```

4

```
Y G E R T G N I T C E P X E Y
L D E M S S D A V I D D C S G U
N C A Y O C I H H E G H D R U
E A Q U H O Z T I Y E E S A I
V A G N N E W S R O P P U F N
A C T G J T R A H P S L N T I
E F N P E A C E A N O A Q J R
H N I N M L R R E C M N Y I I
Y A I R T D W C K O A N B Y U
A U G U S T U S R Z A S R C Q
A C I M N T Y Y A P Y O A Y
C N Y J E I B R M R L E F E U
G A L I L E E O I G S E A R I
E L E Q U T C A R A A R E S T
T R E A H S O T R N I Z E F M
```

Solutions

5

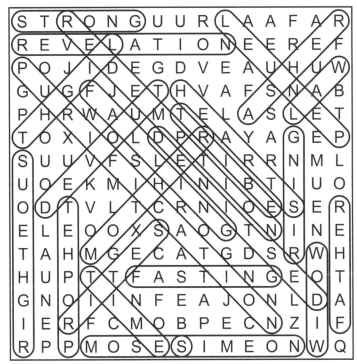

```
S T R O N G U U R L A A F A R
R E V E L A T I O N E E R E F
P O J I D E G D V E A U H U W
G U G F J E T H V A F S N A B
P H R W A U M T E L A S L E T
T O X I O L D P R A Y A G E P
S U U V F S L E T I R R N M L
U O E K M I H I N I B T I U O
O D T V L T C R N I O E S E R
E L E O O X S A O G T N I N E
T A H M G E C A T G D S R W H
H U P T T F A S T I N G E O T
G N O I I N F E A J O N L D A
I E R F C M O B P E C N Z I F
R P P M O S E S I M E O N W Q
```

6

```
H I S S T A R Y A R I S N D U
J I E M U M E L A S U R E J P
A S S D A R D D C E D S T E A
N Y N H E R E R E L V B T D U
E Y E R Y Y Y R O N G A I N D
T L C R L V O G I I R G R N U
E L N Y T A W J F H A A W R J
H U I M E I Q T R M L P W R U
P F K L R S E A E A S H E U L
O E N E C R H R A N V S E H R
R R A A E A T R E T U O R C E
P A R P S E R U S A E R T A U
E C F L R L D I S T U R B E D
L U H C R A E S P R I E S T S
P I H S R O W E H A I S S E M
```

7

```
R E L A T I V E S A V T D D G
E V L E W T B T R E A T E D U
S R E W S N A U Y Z P Y H G P
F E D I M T S N N A A R S X F
R A H S U I E D R T E Y I C E
I B N R N U D E S V G R N S S
E Y E G D O N R O N D E O E T
N L U P N T I S L E I T T A I
D S N K S I S T Z O N F S R V
S U A W P A K A S E O A A C A
T O W B P S M N I E C K U H L
R I A E D A N D I D U S I I M
U X R G S E E I H H T Q R N U
O N E A E B I N E O T E L G G
C A O N O T A G M U D L T G Q
```

8

```
N S U C D C R E A S T D G L C
W O T E E O R E T L E S N A F
O S M O D G N I K W P I I S S
D Y R H N D Y N O I G T T M D
W A I Y E E I H R H E R S Z E
O R D R T A S I T M I S A E T
B E E G T R T S P K T E F A P
U N C N A V F P E O C E A M M
C N U U J V I J O H A N D S E
O O A H E H P F I T G E T Y T
M D V T S Y R U H E V H A L D
M P A R A O B R L I W O R L D
A N O E P S O S L A C D I E O
N W A I R W N E T T I R W Z M
D E D E N B F O R T Y D A Y S
```

Solutions

9

N A D R O J E Y F P E K D S S
M E H P R L H N T R S J O Y S E
A V T I O T O N A E U S N U E N
A D A A R W E P E T L I O D N R
D M R O R P E C A A O G T L E
Y Y W J E R U R D T H O O S E E
Z R E R P D K N F M A C R E D
C E R N D K A S A U U F C E L
L H C A O S M A A S L T J S I
O E S D C H B D T S A B H I W
T A O O R R D S Z U O K A R T
H V R I A H S L E M A C I A R E
E E D H B A P T I S T V A H E
S N A C E S A F E W E A S P E
C M O D G N I K H R D A I E S

10

V A S T O N I S H E D T Y H Y
M B Z B U S P H E D K J O H N
A E O P R E A S E M G A K V E
S S G A A S I N F U L C L W S
T W N K T M E R O H S A A O S
E H I H O S I G U T T T S D R
R N D N W Z F N G N E C E E N
G W W J G D B I T R N H I L T
U A O P A L R N S A U R T L T
L U R R L M L E V H U S A I R
R T C G K R E T T G E G I F A
E U N E R E T S V E Q R H N P
E G R A L Q D I R H P H M T K
D R A H O P D L S O R T Z E W
X E D O G F O D R O W O U E N

11

O E M N N S R O T S E C N A G
L R O V K G W E A R S N I A M
D O N E C O A E S T R A I E X
N U E R H T J A J E D N A W Z
C S C S E R Z E G I I H N O Z
D H A R A H C Y S N E W A U J
E J L A F O S C G U I W E L L
N O P A G P I K D W S R H P G
R U D M D P H N N E C K P A M
A R S A L U U D R I N K I S W
E N V E S O P T W E R R E A B
L E S B R E O L T C A F T Z O
K Y A G M L U S K M E E A V C
E N K I P W O M A N R L E N A
D E T A I C O S S A U V T S J

12

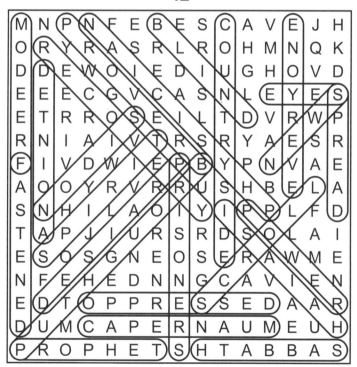

M N P N F E B E S C A V E J H
O R Y R A S R L R O H M N Q K
D D E W O I E D I U G H O V D
E E E C G V C A S N L E Y E S
E T R R O S E I L T D V R W P
R N I A I V T R S R Y A E S R
F I V D W I E P B Y P N V A E
A O O Y R V R R U S H B E L A
S N H I L A O I Y I P P L F D
T A P J I U R S R D S O L A I
E S O S G N E O S E R A W M E
N F E H E D N N G C A V I E N
E D T O P P R E S S E D A A R
D U M C A P E R N A U M E U H
P R O P H E T S H T A B B A S

Solutions

13

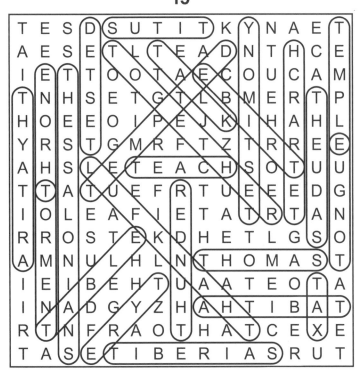

14

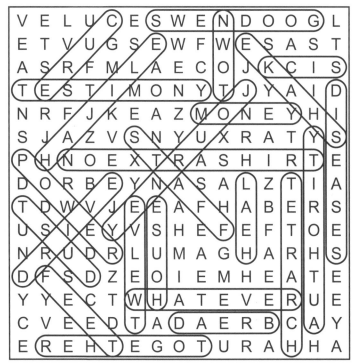

15

16

Solutions

17

```
C A P E R N A U M A U V A R T
A N T M G B G E S C E N H E B
R C A B P A T O Y A A D O C A
T U A V E Y B A C C E P U Y W
E A S L R N F B H R R N S J J
R T D E V H A N A T C A O E Y
A J F I S A T M R T M C R N N
S E G C A E R E E A H U A T A
E R A E A S T Y R S S A G N H
N I J N R T H I S A H I P A T
N C A O P A A T L U Z T D U E
E H E Y R J S E E O A A E O B
G O G M N D M A P B S M N G N
O E R D A M A S C U S O M U M
G A L I L E E N Y N A I N E A
```

18

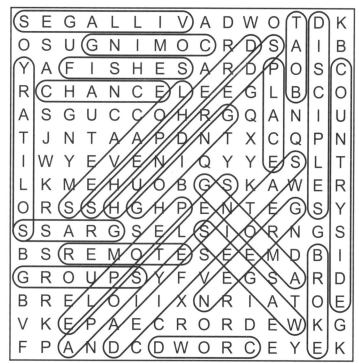

```
S E G A L L I V A D W O T D K
O S U G N I M O C R D S A D B
Y A F I S H E S A R D P O S C
R C H A N C E L E E G L B I O
A S G U C C O H R G Q A N C U
T J N T A A P D N T X C Q P N
I W Y E V E N I Q Y Y E S L T
L K M E H U O B G S K A W E R
O R S S H G H P E N T E G S Y
S S A R G S E L S I O R N G S
B S R E M O T E S E E M D B I
G R O U P S Y F V E G S A R D
B R E L O I X N R I A T O E
V K E P A E C R O R D E W K G
F P A N D C D W O R C E Y E K
```

19

```
R E M T D G N I K L A W L E G
R I J A D W H K O Q A A A M M
D S V O N B O O H J K N E T O
B I E B I U F R G E R V D W Y
M T S F W L G D C C A D A E P
C I D C R E A C H E D T U N D
A K M O I P N R T I E E H H C
M O U E Q P S O T R B R E A D
E G Z A D S L W S G N O R T S
H I R R O S D E F H R H P O U
D B O R L O A D S F P S E R R
F L C W D E N E T H G I R F E
U A R C A P E R N A U M V Y N
S E V E N I N G H E A D I N G
U O Y E S P A T D E Y A T S R
```

20

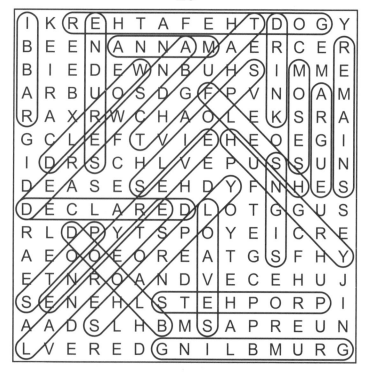

```
I K R E H T A F E H T D O G Y
B E E N A N N A M A E R C E R
B I E D E W N B U H S I M E M
A R B U O S D G F P V N O R A
R A X R W C H A O L E K R I N
G C L E F T V I E H E O E U S
I D R S C H L V E P U S S U E
D E A S E S E H D Y F N H E S
D E C L A R E D L O T G G U S
R L D P Y T S P O Y E I C R E
A E O O E O R E A T G S F H Y
E T N R O A N D V E C E H U J
S E N E H L S T E H P O R P I
A A D S L H B M S A P R E U N
L V E R E D G N I L B M U R G
```

Solutions

21

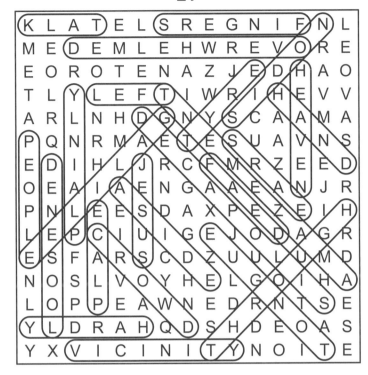

22

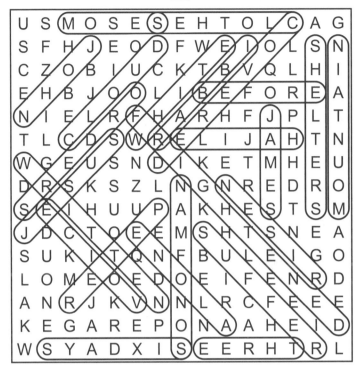

23

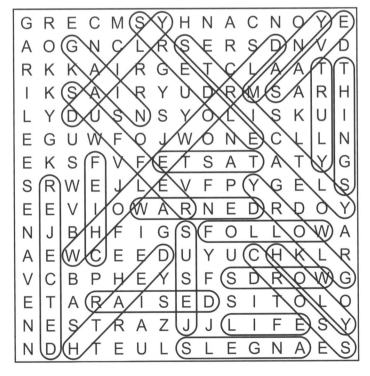

24

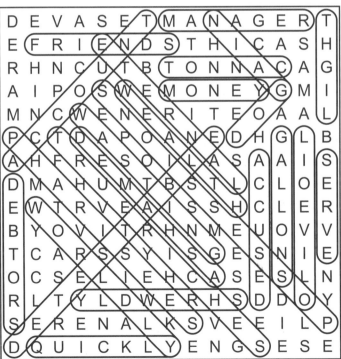

Solutions

25

26

27

28

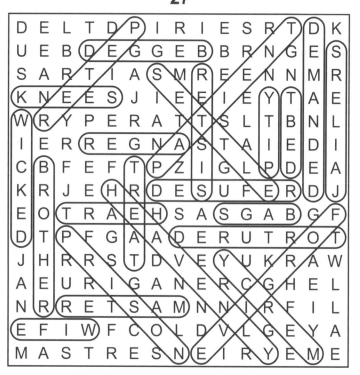

Solutions

29

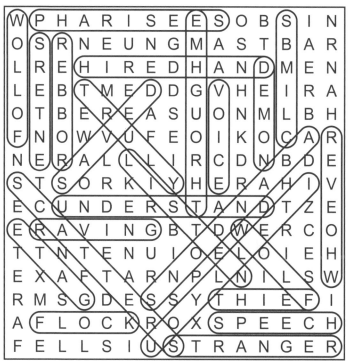

```
L U O S D A E D F L A H J S J
C T E A C H E R E I I E Y T E
U S E M R N S A N S R A N R R
A S T R I P P E D I D R M E U
V F D W U D E K C A T T A N S
N P T E E S Y H F W L O M G A
A A S O G N O D Y O T O F T L
T S E C N A O S T U R C V H E
I S I T L N D K I N E F O E M
R R E R A K O L N P D P E S Y
A S P E R K T E A S X R Z E I
M B Y S B D I H V B E T A V I
A P I E F B O Q E I F T X B V
S E R U T B O L H S T F T E A
Y I J E S U S R Y A S E R E D
```

30

```
W P H A R I S E E S O B S I N
O S R N E U N G M A S T B A R
L R E H I R E D H A N D M E N
L E B T M E D D G V H E I R A
O T B E R E A S U O N M L B H
F N O W V U F E O I K O C A R
N E R A L L L I R C D N B D E
S T S O R K I Y H E R A H I V
E C U N D E R S T A N D T Z E
E R A V I N G B T D W E R C O
T T N T E N U I O E L O I E H
E X A F T A R N P L N I L S W
R M S G D E S S Y T H I E F I
A F L O C K R O X S P E E C H
F E L L S I U S T R A N G E R
```

31

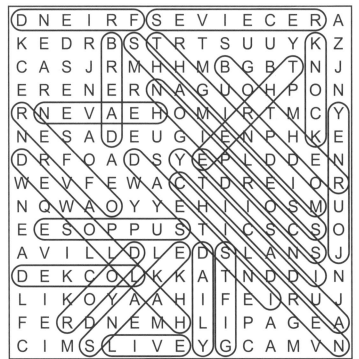

```
D N E I R F S E V I E C E R A
K E D R B S T R T S U U Y K Z
C A S J R M H H H M B G B T N J
E R E N E R N A G U O H P O N
R N E V A E H O M I R T M C Y
N E S A D E U G I E N P H K E
D R F O A D S Y E P L D D E N
W E V F E W A C T D R E I O R
N Q W A O Y Y E H I I O S M U
E E S O P P U S T I C S C S O
A V I L L D L E D S L A N S J
D E K C O L K K A T N D D I N
L I K O Y A A H I F E I R U J
F E R D N E M H L I P A G E A
C I M S L I V E Y G C A M V N
```

32

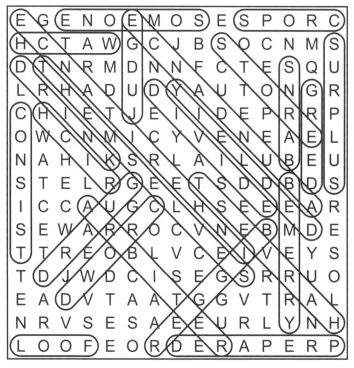

```
E G E N O E M O S E S P O R C
H C T A W G C J B S O C N M S
D T N R M D N N F C T E S Q U
L R H A D U D Y A U T O N G R
C H I E T J E I I D E P R R P
O W C N M I C Y V E N E A E L
N A H I K S R L A I L U B E U
S T E L R G E E T S D D B D S
I C C A U G C L H S E E E A R
S E W A R R O C V N E B M D E
T T R E O B L V C E I V E Y S
T D J W D C I S E G S R R U O
E A D V T A A T G G V T R A L
N R V S E S A E E U R L Y N H
L O O F E O R D E R A P E R P
```

Solutions

33

```
E R M E E K S E M U N A M I M
H E P E M A P W A M E O P E M
T T K I C S T U E T E M O A C
K S Y L R I E M A H B U R M N
E A E T I E S L N M T T I A M
D M M M H M T U C I H T J H E
E K G A A G C S M A Y R A G R
Z M R M L M I Y I L R I H M C
I O E A A I T M E N S I M M I
H F B R M H C N M S I O M E F
C M Y W S C E E E A R M P M U
L A M O N E Y M A N N O U B L
E M A R H M E I I A A N E E M
M R E H T O M N E M Y F A R E
E N E L A D G A M G E M A S M
```

34

```
S Y D F E M I N E N I M A F E
E R O E S T A T E P R E R E S
S L K U S B S L A D N A S G N
F Q S E N S E S N E T A I C N
E F U S Y G I V E D E P D O O
Y R I A I N E K H A D J V E I
F H E E N S K R V E O A S D S
Q F T V L D J S E L M E S A P
G H I R E D E F A P G T Z T A
S N E R O S S R D R N E I L P
E F I Y M W M R E A F Y U A M
D S T V A S I E V D R E U E O
S L A V I N G R P O B V V W C
E B I A G L E S N O S O W T E
C A L W W S H N R E R A H S J
```

35

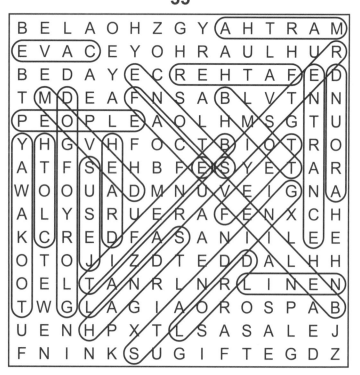

```
B E L A O H Z G Y A H T R A M
E V A C E Y O H R A U L H U R
B E D A Y E C R E H T A F E D
T M D E A F N S A B L V T N N
P E O P L E A O L H M S G T U
Y H G V H F O C T B I O T R A
A T F S E H B F E S Y E T A R
W O U A D M N U V E I G N N A
A L Y S R U E R A F E N X C H
K C R E D F A S A N I I L E E
O T O J I Z D T E D D A L H H
O E L T A N R L N R L I N E N
T W G L A G I A O R O S P A B
U E N H P X T L S A S A L E J
F N I N K S U G I F T E G D Z
```

36

```
Y N E F A F I R E S P L E A J
A F Y L L A U T N E V E H V U
R J G W S E T E W F M T X J S
P E U O A J O T S N I A G A T
P D L D S E T S G A Y L O Z I
E S E I G T N O F N E S O H C
O L N W R E H N P A R A B L E
P U E V I G T O N Q D Y D S B
L U A T R H R F E A R E D S E
E W H V G Z A M A V S N R Y L
J E T U E U E A T U V A O A F
R D O A N G A N F N O H R W C
F H E W B N A E Y G A U Y L R
T B O T H E R I N G N R J A E
M T A Y M E R U O Y C A G E M
```

Solutions

37

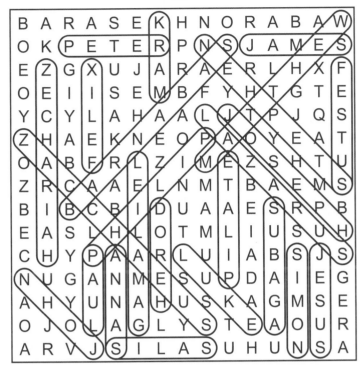

38

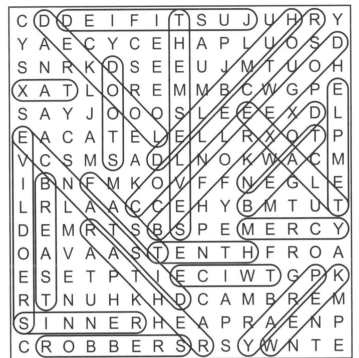

39

40

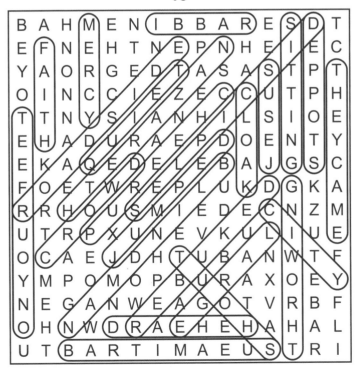

Solutions

41

```
D N E P V S H A M E F U L L Y
E E Y E V I X S E I Z A L R N
C S T B D D N R M E F M W E I
N A A N E L D E R S Z N A N N
A C T T A R E D Y L T P T O A
T C N R I L I L W A A A C T F
I E T D E W P I K R R N H S A
R S O S A J N U A S E D T R R
E A R L E E E B P K W W O E M
H M L E P R L C O R K R W N E
N E S R H E R P T C I R E R R
I F E I H C S A U E A E R O S
S S E O A X A R H I D E S C E
S E I Z E D T E N A N T S O
M O V E D S R V T E N E A S S
```

42

```
G D R A E H K T W J P U B Y E
D I R B S V A X I O Q C R F L
G W O E P S K F O R D N I L B
R L A U T I J R E Y R G N A A
E V D E N E F E N A S T G A T
A F S G M R Q E L E P M O C L
T A D A P S H U A A E D G E E
Y O L S E E S R I S U C R T B
M L K N W Y S E H C T J O U L
A E A M E K R T Y O K F U R E
R L F L J R V E R S X L I H S
R I L S E E N O E K E Y V S
I A A A K G A P E V E L N C E
E Q D O E S T R E E T U D D
D Y Y I N V I T E D M Y S E R
```

43

```
S O T H E R L O W S A R E A L
N I U Y B R I D E G R O O M A
I N E O A N O R T U N B X D M P
G A U S E Z G H T D G X O K P
R E T V O N K R B R Q O H V S
I B A T I L I A T O R T K K W
V E E D J M N H T W A S E I W
H B D A M O G G L S A G S Y G
Y E R E U I D E T Y I E S M T
W S D E N I O A N N H V S A U
A Y T D R A M Y S E N O U G H
T E I E E G A T M V P R H E S
C M S M R T E H S I L O O F H
H A I S K A S E H F L C U U A
L T D S D E R E T A L A R O Y
```

44

```
S A B I L I T Y E A Z Y E A S
A C N S E N A Y L D E K C I W
W L A Y N P T S T N A V R E S
W E A T J W L H O U F E R H S
C O D B T J O M E O T A R E E
E E R I D E T S U R T N E F N
A D E T S X R U A G W H R G I
A E E D H T N E S N G T B A P
J P L Y Y L U S D I N L A P H
J O S R T Y E O W P I A N E H
G S U E A N Z S G E H E K R I
S I I R K E D A S E S W E R L
E T N R N R V D L W A A R I N
E M A S T E R S A T N J S L
D D G A R B Y V E M G B A G S
```

Solutions

45

```
F A V S U O E T H G I R Z K N
U E D P R I S O N N D R I N K
L Y R O L G A R A I E N K W U
B C E S G R E S A N G A S E B
L N V O Y E B T Y A N G E L S
E T A R A P E S R C U R S E D
S T H I R S T Y G A E W N G L
S T N E M H S I N U P A D A N
E B Y G C E E F U A T E R T H
D A F T L E U N H I V E D H R
B M U A O P E G O I C G E E E
C R E A T I O N L R Y I G R T
U E R L H H S S F O H J S E E
B F A S E R R E G N A R T S D K
S E L V S J E R R E F E R A S
```

46

```
A T S E A T E P H U L F T E R
A N S G E A R Z L I O P H L W M
H A U N E X O T T C S T A O G
B E G D A E H P A T D X S O W
S B S R T C N M S F A F H I U
S T C A A V E U L R R C E A A
S E O P S L I A D O E R E E S
U L R O N T C S G P U P P A M
C R P E T K W S W L S L I O N
O A I L E O O H K E E S A V Y
L C O E R E D D R A G O N J E
U S N R B R A P Y N A L M X K
T S A K G E E A I M A F O E N
I P E C S N A L P M P F O O O
S O S K T O W R B H O R S E D
```

47

```
S D B A Y E L P I C S I D E F
A A R E T S B U S H L S A Y T
K G S O F E N E S O H C O H U
E S A A L O S D Y X G S G L A
S L C I T M R T H E A I Y B R A
Y D U R N A G E I D N I E R A
A E A D I S N N U F L O V E D
R R C E R P T J I S I Y M A C
T E C N O G T E S N H E R D T
E W E R E B V U S T I A D U S
B S P A I E S T R A H L R V G
O N T I E R G R E T N C E B
S A S L J U F O L S E H L E D
A U E S L Z O R S D A N F A R
U B C Y E P R I S A D E R O P
```

48

```
A B S I E R A S G E S A T G E
F E L T I R I P S Y L O H C H
R T H E S I V E S E R W O F E
A A T H I P A A O B H M W X A
I C U A S B D C S O M A O B R
D O V R A Y U G E A C I R L T
A V T S J R E V N A S D L O S
I D F N E N E D C C G E D V U
L A Q A E R S C A N O T H E R
F A T H E R E S I G I M V S B
S E I P M P E H P N S E I D E
R X R R T H C V T O I I T N C
E H I O U A M E A L K F E N G
A S P P E K N A E E M E B A H
E A S T P D H B E B L U N I E
```

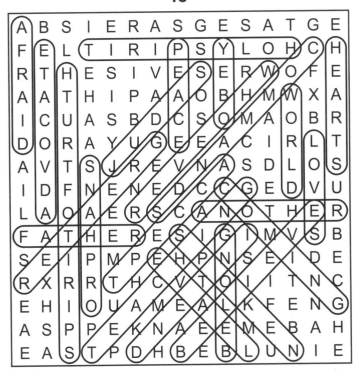

Solutions

49

50

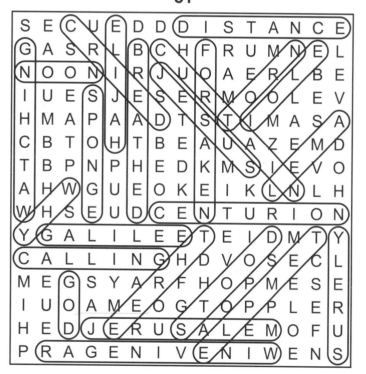

51

52

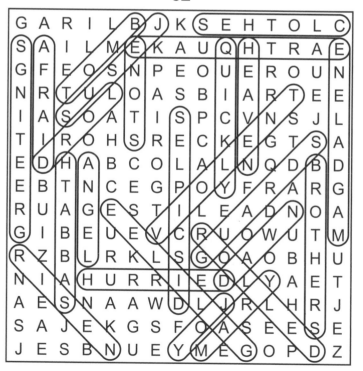

Solutions

53

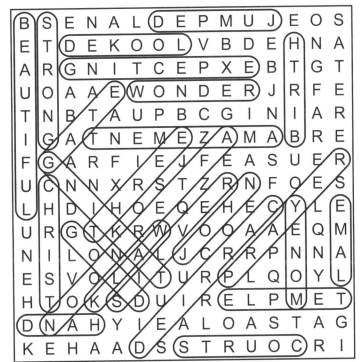

E T D A S E R U T P I R C S A
L N O D J G L N R B S D N I M
A S O N H E E H C A T H G R S
O N T O I M S B S V U O E E S
H J S N E A C U H I O F N S T
Y T E Z E E T O S M F O A I E
S O A K T X O C Z U B A V C H
T M J L S A U A S E G D A V P
A S A D K S C D E A D E F M O
R R E M T I H O W Y P L V E R
T Y V B O B N H X J E B A S P
L E U S A N I G O S R U S S I
E O A U O L G M H D Y O G I N
D Y J U E R O S P R I R E A N
M P S A L M S E T A H T H H S

54

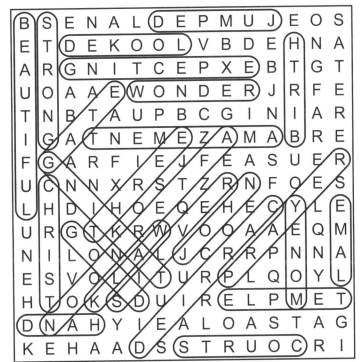

B S E N A L D E P M U J E O S
E T D E K O O L V B D E H N A
A R G N I T C E P X E B T G T
U N O A A E W O N D E R J R F
T N B T A U P B C G I N I E E
I G A T N E M E Z A M A B R R
F G A R F I E J F E A S U E R
U C N N X R S T Z R N F O E S
L H D I H O E Q E H E C Y L E
R G T K R W V O O A A E Q N M
I L O N A L J C R R P N N Y A
E S V O L I T U R P L Q O Y L
H T O K S D U I R E L P M E T
D N A H Y I E A L O A S T A G
K E H A A D S S T R U O C R I

55

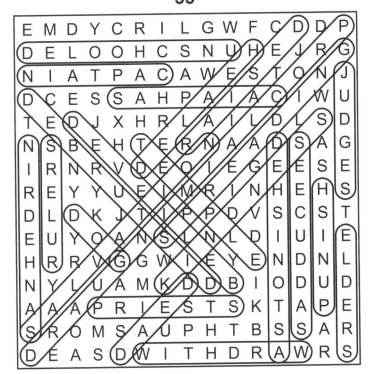

E M D Y C R I L G W F C D D P
D E L O O H C S N U H E J R G
N I A T P A C A W E S T O N J
D C E S S A H P A I A C I W U
T E D J X H R L A I L D L S D
N S B E H T E R N A A D S A G
I R N R V D E O I E G E E E E
R E Y Y U E I M R I N H E H S
D L D K J T I P P D V S C I T
E U Y O A N S I N L D I U N E
H R R V G G W I E Y E N D N L
N Y L U A M K D D B I O D U D
A A A P R I E S T S K T A P E
S R O M S A U P H T B S S A R
D E A S D W I T H D R A W R S

56

L A T L A G O R N A D E J L N
E P N E D K N D H S C E Y F A
S R E O E S E I Z E D O H I S
B O T M G F M A D F U M D L T
S P S N U S E V E N T S R A A
U E I N E Z A G G D I G A E R
O R L L U L E C D I S F E I I
B T F T N U M E S E E T H A H
U Y R F S I Y T K H L T L N P
C N E N N O Y M S H C W U V P
K A D I E D P E N E E R O I A
R T E S A I N A M A T A U N S
Y A N F L E B H V O M P R H K
B S Z W I S E N E A M U W T C
K E L N I W E D L O S Y H B K

Solutions

57

```
S E L T S O P A R I T E Y N G
K O Y E S N O I T N E T T A A A
O Y R D U N C M Y V S K I C B
T N E P E R E V I T P A C C E
R U C R P I D S A M A R I A M
T R R A X E S U K K M S F O
A Y O Y R E D I E P A S O U D
E P S E A E A D T G I S V O G
R A F D V J E R U S A L E M N
G F Y I K T E S T B E L I J I
O C R Z S T I A S U G T L H K
L R Q A E M O N E Y W A T I P
A E O P O P E B G H A N D S V
H B S N B E L I E V E R S N I
D E W O L L O F A M A Z E D A
```

58

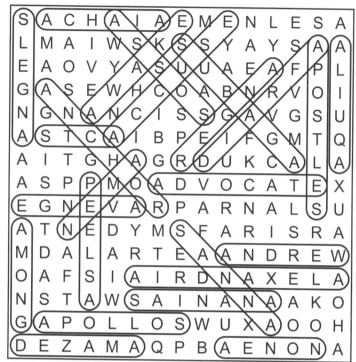

```
S A C H A I A E M E N L E S A
L M A I W S K S S Y A Y S A A
E A O V Y A S U U A E A F P L
G A S E W H C O A B N R V O I
N G N A N C I S S G A V G S U
A S T C A I B P E I F G M T Q
A I T G H A G R D U K C A L U
A S P P M O A D V O C A T E X
E G N E V A R P A R N A L S U
A T N E D Y M S F A R I S R A
M D A L A R T E A A N D R E W
O A F S I A I R D N A X E L A
N S T A W S A I N A N A A K O
G A P O L L O S W U X A O O H
D E Z A M A Q P B A E N O N A
```

59

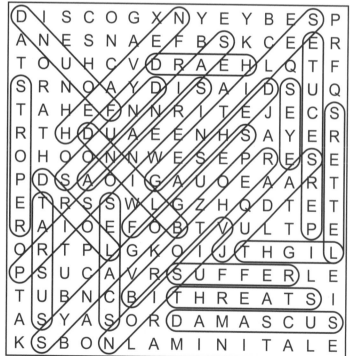

```
D I S C O G X N Y E Y B E S P
A N E S N A E F B S K C E E R
T O U H C V D R A E H L Q T F
S R N O A Y D I S A I D S U Q
T A H E F N N R I T E J E C S
R T H D U A E E N H S A Y E R
O H O O N W E S E P R E S E T
P D S A O I G A U O E A A R T
E T R S S W L G Z H Q D T E T
R A I O E F O B T V U L T P E
O R T P L G K O I J T H G I L
P S U C A V R S U F F E R L E
T U B N C B I T H R E A T S I
A S Y A S O R D A M A S C U S
K S B O N L A M I N I T A L E
```

60

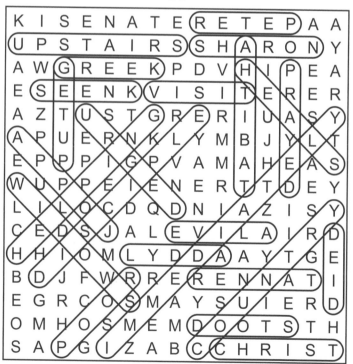

```
K I S E N A T E R E T E P A A
U P S T A I R S S H A R O N Y
A W G R E E K P D V H I P E A
E S E E N K V I S I T E R E R
A Z T U S T G R E R I U A S Y
A P U E R N K L Y M B J Y L T
E P P P I G P V A M A H E A S
W U P P E I E N E R T T D E Y
L I L O C D Q D N I A Z I S Y
C E D S J A L E V I L A I R D
H H I O M L Y D D A A Y T G E
B D J F W R R E R E N N A T I
E G R C O S M A Y S U I E R D
O M H O S M E M D O O T S T H
S A P G I Z A B C C H R I S T
```

Solutions

61

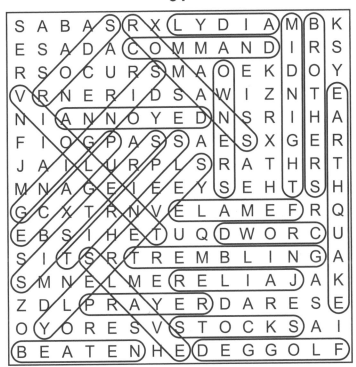

62

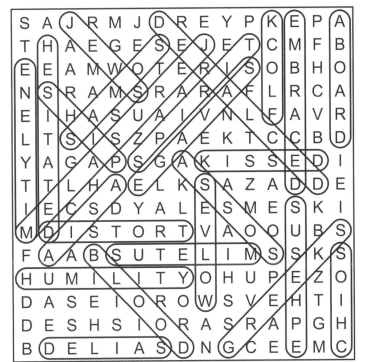

63

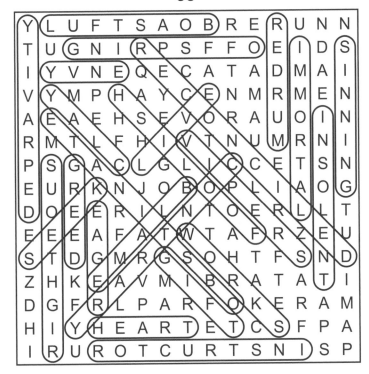

64

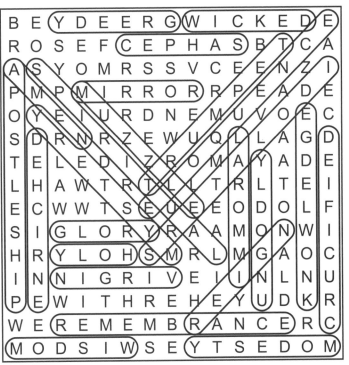

Solutions

65

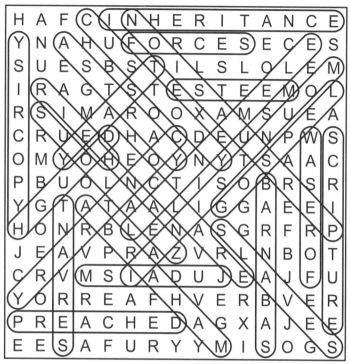

66

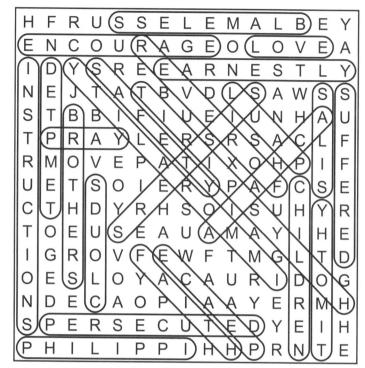

67

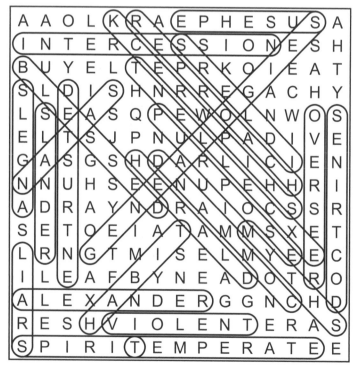

68

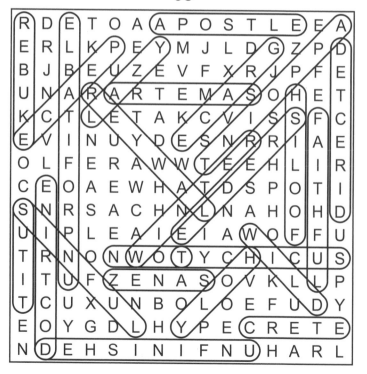

Solutions

69

```
S E N E G T P E R N S L S T E
U S A R P N A T R E U A J E Y
M E I E P E S L C K R A M R E
I D A I R M K R E W S N A E E
S C P D I E P A P H R A S M D
E A P L S G F F U M F T O I X
N D E O O A O F H B N H I S O
O E A S N R P A E E G Y F B W
H H L J E U P P D C Y R E U O
F S A V R O C I H H T D A C R
T E E A T C F H T I I I J C K
G R L R B N R O U E A R V G E
D F A L O E M O N R E B K E R
R E R C O I S C U R C N N E S
H R B A T W E V A L V H E A M
```

70

```
I E F K I E C N A I D A R S P
N Y L V H A D S A E O X E L O
Y I E O U E A O A T H S P U S
M L O H N E M T T U O O C K S
A N S W Z C H B N M K B P E Y
C O O S T N A D N E C S E D H
J R N R D K N N T H R O N E O
C A P S A E C O A E X L D Z S
E R O K V A E S I C M E A I T
G O H K I M S M S A S T L H E
G B E W D M T A H R V E I C H
S E O C A E O S U G J J R L P
M O E N H A R C U S F E A E O
L V N L E A S U P I A T I M R
L A A C W I C K E D N E S S P
```

71

```
H H E V I T C E F F E N I G H
N A E C N A R E V E S R E P A
Y A S R O T S E C N A R A C S
E S T V E E R S T E H A H L E
S I T U U S W E A L C A C A S
K E A D R I I A I C I I C P I
P X R A F E V E N N T N E O R
R P A T I E N T S E N L T S S
E L E C T I O N H S B A K T E
C O V O V H R P D M I I U L R
I I B I T A O N U K A N P E I
O T D H T R I T E S D E N W S
U R F S P L S T O R I E S E E
S S A S B M A J E S T I C H D
M O R N I N G O D L I N E S S
```

72

```
O T U D E G E A H W A N D L H
U A G A I U S T I U E O E G T
G E P C F A L E A M O L F Y U
H R Y B J A E B U G L K L O R
T G T H E R E F O R E U L J T
E F I H N L E T V I P S O A E
S S L F M G I G I O D N W S T
T U A E R A C E S R P R A G A
I I T S B I L R V A W U L N T
F R I I A N E I T E M G K I I
I E P R R D B N C W R C I T M
E E S W L E A Z D I S S N E I
D M O E E S N E S N O N G R Y
Y E H I L C A U D C A U V R L
F D S E H P E R T O I D S G E
```

Solutions

73

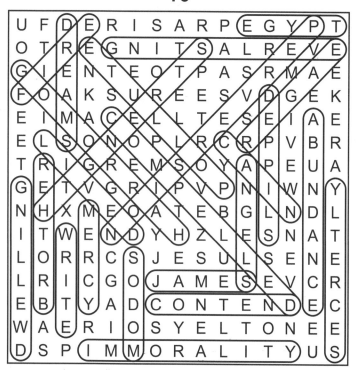

```
U F D E R I S A R P E G Y P T
O T R E G N I T S A L R E V E
G I E N T E O T P A S R M A E
F O A K S U R E E S V D G E K
E I M A C E L L T E S E I A E
E L S O N O P L R C R P V B R
T R I G R E M S O Y A P E U A
G E T V G R I P V P N I W N Y
N H X M E O A T E B G L N D L
I T W E N D Y H Z L E S N A T
L O R R C S J E S U L S E N E
L R I C G O J A M E S E V C R
E B T Y A D C O N T E N D E C
W A E R I O S Y E L T O N E E
D S P I M M O R A L I T Y U S
```